Nueva International

UNA REVISTA DE POLITICA Y TEORIA MARXISTAS

NÚMERO 7   2005

CONSEJO EDITORIAL

DIRECTORA
Mary-Alice Waters

SUBDIRECTOR
Steve Clark

EDITOR CONTRIBUYENTE
Jack Barnes

———

CONSULTORES INTERNACIONALES

Anita Östling
Ron Poulsen
Michel Prairie
Ólöf Andra Proppé
Samad Sharif
Jonathan Silberman
Mike Tucker

EDICIÓN EN ESPAÑOL
Martín Koppel

REDACCIÓN
Luis Madrid
Róger Calero

Contenido

En este número   *3*

Nuestra política empieza con el mundo
por Jack Barnes   *11*

La agricultura, la ciencia y las clases trabajadoras
por Steve Clark   *145*

El capitalismo, el trabajo y la transformación de la naturaleza: un intercambio

   Un crítico 'de izquierda' de la agricultura orgánica
   por Richard Levins   *189*

   ¿Progreso para quién?
   por Steve Clark   *205*

   Dos comentarios finales   *227*

Índice   *235*

Copyright © 2005 por New International
All rights reserved. Todos los derechos reservados
conforme la ley.
Primera impresión, 2005
Décima impresión, 2023

ISSN 1056-8921
ISBN 978-0-87348-976-8
Manufactured in Canada
Hecho en Canadá

Nueva Internacional es distribuida a nivel internacional por Pathfinder Press: www.pathfinderpress.com

Diseño de la portada: Eva Braiman

Portada: Foto de arriba, central térmica en Didcot, Inglaterra. © Charles O'Rear/Corbis. Foto de abajo: agricultor cerca de Bhena, Nepal. © Macduff Everton/Corbis.

Contraportada: La Tierra de Noche, imagen por Craig Mayhew y Robert Simmon, NASA, basada en datos del Programa de Satélites Meteorológicos de Defensa.

EN ESTE NÚMERO

O BSERVE LA TIERRA DE NOCHE en nuestra contraportada. Los enjambres centelleantes, las manchas tenues de luz y las extensiones de oscuridad subrayan la brutal realidad de clase de que la mayoría del pueblo trabajador del mundo —mayormente en Asia, África y América Latina— subsiste sin electricidad o fuentes energéticas modernas, aun para la cocina y la calefacción.

Esta imagen compuesta de centenares de fotos de satélite es una medida escueta de las inmensas desigualdades que existen —no solo entre los países imperialistas y los semicoloniales, sino entre las clases sociales dentro de casi todos los países— en cuanto al desarrollo social y cultural y en cuanto a las bases para todo avance económico sostenible. Estas disparidades, producidas y acentuadas todos los días por el funcionamiento del capitalismo mundial, aumentarán a medida que se intensifique la competencia por mercados entre las familias gobernantes en Estados Unidos y sus rivales imperialistas en Europa y el Pacífico.

La electrificación "es una precondición elemental si

han de desarrollarse la industria moderna y la vida cultural", enfatiza Jack Barnes en nuestro artículo principal, "y los comunistas luchan para que se extienda a todos —a todos— los 6 mil millones de personas del mundo. Esta lucha es un ejemplo perfecto de cómo la política proletaria, nuestra política, empieza con el mundo".

Para que los trabajadores con conciencia de clase construyan un movimiento comunista mundial de partidos proletarios disciplinados, señala Barnes, su actividad semanal debe guiarse por un programa, una estrategia, para cerrar —y después mantener cerradas— estas enormes disparidades económicas y sociales. Nuestra tarea "es hacer una revolución en el país donde nos encontramos, donde vivimos y trabajamos", explica Barnes. Para lograrlo, "necesitamos entender, y entender a fondo, la política y la lucha de clases dentro de esas fronteras nacionales.

"Pero eso lo podemos hacer únicamente si partimos del hecho que esas peculiaridades nacionales y sus cambios son producto del funcionamiento de un mercado mundial", dice. "Necesitamos reconocer que formamos parte de una clase internacional que no tiene patria —la clase trabajadora— y actuar siempre como si formamos parte de una alianza internacional con los trabajadores y agricultores explotados y oprimidos de todo el mundo.

"Esto no es una consigna. No es un imperativo moral. No es una propuesta de acto de voluntad. Significa reconocer *la realidad de clase* de la vida económica, social y política en la época imperialista". Es una parte irremplazable, dice Barnes, de la actividad de los trabajadores revolucionarios que están organizados políticamente, "la única fuerza en el mundo que puede llevar a cabo luchas revolucionarias exitosas siguiendo la línea de marcha del proletariado hacia el poder político".

"Nuestra política empieza con el mundo" fue presentada por Barnes, secretario nacional del Partido Socialista de los Trabajadores en Estados Unidos, para dar inicio a una discusión en una conferencia socialista internacional celebrada del 14 al 17 de junio de 2001 en Oberlin, Ohio. Entre los casi 400 conferencistas se encontraban miembros, partidarios y amigos del Partido Socialista de los Trabajadores en Estados Unidos, de las Ligas Comunistas en Australia, Canadá, Islandia, Nueva Zelanda, Suecia y el Reino Unido, como también decenas de Jóvenes Socialistas y otros trabajadores, agricultores y jóvenes de Norteamérica y otras partes del mundo. El año siguiente, "Nuestra política empieza con el mundo", ya redactada para ser publicada, fue debatida y aprobada por los delegados al congreso del PST en 2002.

"**H**A COMENZADO EL INVIERNO largo y caliente del capitalismo", el informe y resumen de Barnes que fueron aprobados en el mismo congreso, junto con "Su transformación y la nuestra", un proyecto de tesis del Comité Nacional del PST, preparado por Mary-Alice Waters, directora de *New International* (*Nueva Internacional*), son los principales artículos del número 6 de esta revista. Estas dos ediciones, los números 6 y 7 de *Nueva Internacional*, se complementan. "Ha comenzado el invierno largo y caliente del capitalismo" también empieza con el mundo. Se enfoca en las contradicciones aceleradas —económicas, sociales, políticas y militares— que han impulsado al orden imperialista mundial a las primeras etapas de una crisis financiera y depresión económica a nivel global, así como a una nueva campaña de militarización y a guerras que se van propagando. Este invierno largo y caliente al que ahora ha entrado el capitalismo, señala

Barnes, es un fenómeno que "de forma lenta pero segura y explosiva" engendrará "una resistencia de un alcance y profundidad no antes vistos por militantes de disposición revolucionaria por todo el mundo actual". El contenido de estos dos números de *Nueva Internacional*, publicados simultáneamente, es un aporte a los preparativos políticos para esta acelerada resistencia, de carácter cada vez más mundial, de los trabajadores y sus aliados.

Las riquezas que hacen posible la civilización humana y el progreso son en su totalidad el producto de la transformación de la naturaleza por el trabajo social, el cual se transforma a sí mismo de forma simultánea.

"El trabajo humano es trabajo social", destaca Barnes en las palabras de clausura de la conferencia socialista de 2001 que se publican aquí. "Su producto no es resultado del trabajo de un individuo, ni siquiera la suma del trabajo de muchos individuos". El rendimiento del trabajo de un agricultor, una costurera, un carnicero o un minero, dice, "lo determinan las relaciones de clase bajo las cuales laboran. Es el trabajo social el que lega a una generación tras otra la cultura —los planos— para transformar la realidad material en formas nuevas y más productivas y para hacer posible la creación de un mundo mejor". Pero como nos enseñó Marx, agrega Barnes, mientras impere el capitalismo, estas mejoras en las fuerzas de producción tenderán simultáneamente a aumentar la intensificación del trabajo así como a producir fuerzas de destrucción más horrorosas.

Estas cuestiones de teoría y política marxistas, en las cuales se enfocó gran parte de la discusión en el encuentro socialista internacional de 2001, fueron tema de una de las siete clases organizadas para los conferencistas. La clase la presentó Steve Clark, miembro del Comité Nacional del PST. Unas semanas después, Clark usó la presentación, enriquecida por la discusión en la conferencia, como base para preparar una serie de cuatro artículos para el *Militant*, un semanario publicado en Nueva York que defiende los intereses del pueblo trabajador a nivel mundial. La serie ha sido redactada y se publica aquí como un solo artículo bajo el título "La agricultura, la ciencia y las clases trabajadoras".

"El capitalismo, el trabajo y la transformación de la naturaleza", un intercambio entre Richard Levins y Steve Clark, es la última parte de este número. Después que los artículos de Clark se publicaran en el *Militant*, Levins, profesor de ciencias demográficas e investigador de la Facultad de Salud Pública de Harvard, escribió una respuesta. Levins participa activamente en la Coalición 26 de Julio, una organización de solidaridad con Cuba en el área de Boston, y trabaja con el Instituto de Ecología y Sistemática del Ministerio de Ciencia, Tecnología y Medio Ambiente de Cuba. El artículo de Levins se publica por primera vez en este número, seguido por la repuesta de Clark y los comentarios finales de cada autor.

Diciembre de 2004

NUESTRA POLÍTICA EMPIEZA CON EL MUNDO

"La electrificación es una precondición si se han de desarrollar la industria moderna y la vida cultural, señaló Lenin. Los comunistas luchan para extenderla a todos los 6 mil millones de personas del mundo. Esta lucha es un ejemplo perfecto de cómo la política proletaria, nuestra política, empieza con el mundo".

ARRIBA: Campesinos rusos examinan mapa que muestra la electrificación de Moscú, 1926. **ABAJO:** Estudiantes en la provincia de Pinar del Río, Cuba, celebran instalación de panel solar en la escuela, 2003. El gobierno revolucionario ha completado un proyecto para asegurar que escuelas en zonas remotas tengan electricidad y programas educativos en video.

Corbis

Ecosol Solar

NUESTRA POLÍTICA EMPIEZA CON EL MUNDO

por Jack Barnes

EN DICIEMBRE DE 1920, el tercer año de la república de trabajadores y campesinos en Rusia, V.I. Lenin hizo una declaración que a menudo se ha repetido, pero que no tan a menudo se ha comprendido. Al dirigirse al Congreso de los Soviets de Toda Rusia, Lenin dijo: "El comunismo es el poder soviético más la electrificación de todo el país".[1]

A partir de ese día, toda organización que se reclama comunista ha tenido que hacer frente a esa afirmación. ¿Qué relación tiene con las tareas de un gobierno revolucionario que lucha por consolidar el poder de los trabajadores y agricultores? ¿Qué tipo de claridad de pensamiento y de acción le exige a un núcleo proletario *mucho antes de las luchas revolucionarias finales por las cuales el pueblo trabajador llega al poder?* ¿Qué piensan los trabajadores y

---

El siguiente documento se basa en las presentaciones de apertura y de resumen final en una conferencia socialista internacional celebrada en Oberlin, Ohio, del 14 al 16 de junio de 2001. Jack Barnes es secretario nacional del Partido Socialista de los Trabajadores.

LAS NOTAS COMIENZAN EN LA PÁGINA SIGUIENTE

agricultores cuando escuchan el nombre del partido, un partido comunista? ¿Por qué lucha? ¿Adónde se dirige?

La declaración de Lenin no comienza con la electrificación, sino con *el poder soviético*: los consejos electos de trabajadores, campesinos y soldados cuyas asambleas y decisiones constituían el poder proletario sobre el cual se basaba el nuevo gobierno revolucionario. Pero Lenin no se detenía ahí. A muchas personas en aquella época, y más aun ocho décadas después, les habrá parecido que decir "el comunismo es el poder soviético *más* la electrificación" era una simplificación exagerada. "Ya sabes, es Lenin. Como siempre, llevando un argumento un poco al extremo". Pero Lenin, como siempre, estaba empezando con una perspectiva mundial: a partir del lugar concreto que ocupaban los trabajadores y campesinos de Rusia según lo determinado por el funcionamiento del sistema imperialista mundial y sus leyes de movimiento. Y no al revés. No con el mundo según se veía desde Moscú o Petrogrado. No con Rusia de alguna forma "encajada" en el mundo.

Lenin también, como siempre, estaba partiendo de la necesidad práctica de fortalecer la alianza de los trabajadores y campesinos, las dos clases sobre cuyos hombros aliados descansaba la dictadura del proletariado. El destino del poder soviético ahora estaba inseparablemente entrelazado con el avance de la lucha por la liberación nacional y el socialismo en todo el mundo. ¿Qué pasos concretos eran necesarios para estrechar la brecha política que existía entre esas dos clases explotadas, urbana y rural? ¿Para estrechar la brecha en cuanto a sus condi-

---

1. V.I. Lenin, "VIII Congreso de los Soviets de Toda Rusia", en Lenin, *Obras completas* (Moscú: Editorial Progreso, 1986), tomo 42, pág. 164. A partir de aquí, *OCL*.

ciones de vida, sus posibilidades de educación y cultura, su experiencia política? ¿Cómo era posible estrechar la brecha en cuanto a su confianza propia, su conciencia de clase proletaria y su claridad política? ¿Las diferencias en la capacidad de entender políticamente, impulsar y sacrificarse por la dictadura del proletariado en Rusia y la extensión del poder soviético en el mundo?

LENIN VALORABA ENORMEMENTE el uso competente y disciplinado de las tecnologías heredadas del capitalismo, así como las habilidades de los científicos e ingenieros que voluntariamente ponían sus conocimientos y preparación al servicio de la república soviética. Pero lo que Lenin estaba planteando no era principalmente un reto técnico. Tampoco era primordialmente un problema militar, aunque la fuerza de la alianza de trabajadores y campesinos acababa de verse sometida a la prueba de fuego por las devastadoras consecuencias humanas y materiales de la guerra civil que los capitalistas y terratenientes de Rusia habían lanzado, apoyados por la invasión aliada de 14 potencias imperialistas, incluido Estados Unidos. Para finales de 1920, cuando Lenin presentó el plan de electrificación, los trabajadores y campesinos en la Rusia soviética —y los campesinos conformaban más del 80 por ciento de las filas del Ejército Rojo— habían derrotado a las fuerzas contrarrevolucionarias.

La tarea que ahora enfrentaba la dirección comunista de la revolución, dijo Lenin, era conducir a estas dos clases de manera que decenas de millones, tanto en la ciudad como en el campo, pudieran ver converger sus condiciones de vida. Por ese camino se prepararía el terreno para que la clase obrera formara un porcentaje cada vez mayor de las masas trabajadoras de la ciudad y del campo,[2] como también para que los trabajadores y campesinos confluyeran cada vez más en sus objetivos políticos: para ver el mundo, y la relación que ellos tenían con las luchas de los trabajadores de otros países, más y más a través de un mismo par de lentes proletarios.

Solo a medida que se cerrara esta brecha podría la clase trabajadora aprender a organizarse para ir más allá del control obrero de la industria hacia la gestión de la producción. Solo a medida que se redujeran estas divisiones podrían los campesinos ver más allá de las garantías que ellos habían logrado para usar la tierra que labraban y obtener crédito barato, y avanzar hacia una perspectiva más amplia de la industrialización de todo el país que progresivamente superaría el cisma entre la vida urbana y la rural. Por consiguiente el proletariado crecería en tamaño —tanto en números absolutos como en relación con el campesinado— y en su confianza política. La alianza de la clase trabajadora con el campesinado, y por tanto su dominio de clase, se reforzaría y estabilizaría. Con una mayor confianza, aumentaría la fuerza de su ejemplo. Con mayor confianza, su oferta de ayuda a los trabajadores y agricultores de todo el mundo se ofrecería y sería aceptada más frecuentemente, y se llevaría a cabo con mayor éxito.

El uso de equipos y maquinaria impulsados por la electricidad y la combustión interna tenía que difundirse ampliamente por el campo, dijo Lenin: "Debemos hacer ver a los campesinos que en lugar del antiguo aislamiento entre la industria y la agricultura, que es la contradicción más profunda que sostenía el capitalismo y que fomen-

---

2. En 1917 la población de la joven república soviética era de 140 millones de habitantes. Un 80 por ciento eran campesinos y el 10 por ciento estaban en la clase trabajadora, incluidos 2 millones de obreros fabriles.

taba la discordia entre los trabajadores de la industria y los trabajadores de la agricultura, en lugar de esto, nos proponemos como objetivo restituir a los campesinos todo lo que hemos recibido de ellos a crédito [durante la guerra civil] en forma de cereales…
"Este crédito debemos restituirlo por medio de la organización de la industria y facilitando a los campesinos artículos industriales", subrayó Lenin. "Debemos hacer ver a los campesinos que la organización de la industria sobre una alta base técnica moderna, sobre la base de la electrificación, que vincule a la ciudad con el campo y termine con el contraste entre la ciudad y el campo, ha de permitir elevar el nivel cultural del campo, superar incluso en los rincones más apartados el atraso, la ignorancia, la miseria, las enfermedades y el embrutecimiento".[3]

L<small>ENIN SEÑALÓ QUE</small> sin esta trayectoria, las condiciones en la joven república de trabajadores y campesinos, especialmente en el campo, producirían y continuamente reproducirían capas de productores independientes de mercancías que enfrentarían crisis periódicas y se diferenciarían más y más a nivel económico. Esas capas, fácilmente convencidas de que estaban siendo traicionadas por el proletariado, volverían a acudir a la burguesía en busca de dirección. Eso se había convertido en el mayor peligro contrarrevolucionario que enfrentaba la clase trabajadora.[4]

---

3. Lenin, "Informe sobre la labor del Comité Ejecutivo Central de Toda Rusia y del Consejo de Comisarios del Pueblo", *OCL*, tomo 40, pág. 114.

4. Lenin, "VIII Congreso de los Soviets de Toda Rusia", *OCL*, tomo 42, pág. 164.

Políticamente, el campesinado siempre sigue a una de las dos principales clases urbanas, a los capitalistas o a la clase trabajadora. Toda la historia de la lucha de clases moderna demuestra este hecho. Así que mantener el poder soviético dependía de lo que superficialmente parecería ser un asunto técnico, un proyecto de ingeniería en gran escala. Sin embargo, como recalcaba Lenin, la electrificación del país tenía que entenderse y organizarse por lo que representaba en la historia: un problema profundamente *político*, cuya respuesta decidiría, en la práctica, si la alianza de los trabajadores y campesinos había de avanzar o venirse abajo. Reconocer esta tarea y ayudar a su realización no era simplemente un reto para los trabajadores y agricultores de Rusia y de su vanguardia bolchevique. Era una responsabilidad mundial de los comunistas, los trabajadores con conciencia de clase y los agricultores de disposición revolucionaria.

E<small>L PARTIDO COMUNISTA</small>, señaló Lenin en su informe de diciembre de 1920 al congreso de soviets, tiene un programa político que "es la enumeración de nuestras tareas, es la explicación de las relaciones entre las clases" en la joven república soviética. Pero este programa del partido "no puede ser solo el programa del partido", dijo. "Debe tornarse programa de nuestra construcción económica, si no, tampoco sirve como programa del partido. Debe complementarse con el segundo programa del partido, con el plan de trabajos para la reconstitución de toda la economía nacional y su puesta al nivel de la técnica moderna. Sin un plan de electrificación no podemos pasar a una verdadera construcción…

"Por supuesto será un plan adoptado como primera aproximación. Este programa del partido no será tan inalterable como nuestro verdadero programa, que solo se puede modificar en los congresos del partido. No, cada día, en cada taller, en cada subdistrito será mejorado, elaborado, perfeccionado y remoldeado",[5] recalcó Lenin. Será una tarea de trabajadores y campesinos en cada taller y en cada distrito rural.

Lenin le contó al congreso una anécdota sobre su visita a una de las primeras aldeas que fueron electrificadas en Rusia. Un campesino pasó al frente para hablar, dando la bienvenida a la "luz no natural" que el nuevo gobierno bolchevique había hecho posible. Era de esperarse que a los trabajadores rurales la electricidad al principio les pareciera "no natural", subrayó Lenin. Pero lo que los *revolucionarios* con conciencia de clase consideramos no natural, añadió, "es que los campesinos y los trabajadores hayan podido vivir centenares, miles de años en tal oscuridad, en la miseria, oprimidos por los terratenientes y los capitalistas".[6]

Todo lo que representa progreso en la condición humana es "no natural" en ese sentido materialista: no solo la electricidad, sino la agricultura, la ganadería, la artesanía y los productos industriales de todo tipo. Ninguno de éstos los apropian individuos directamente de la naturaleza; todos son productos de seres humanos que trabajan juntos en un entramado de relaciones sociales. Cada aspecto de lo que llamamos civilización y cultura es producto de la transformación de la naturaleza por el trabajo social. (Y olvidamos a riesgo propio que al mismo tiempo somos *parte* de la naturaleza, *parte* de lo que está siendo transformado.)

---

5. *Ibídem*, pág. 163.

6. *Ibídem*, pág. 165.

Lo no natural ha sido la atrofia de este potencial del desarrollo humano por las relaciones sociales de explotación, relaciones mantenidas por la fuerza de la costumbre y suplementadas por el terror que organizan las clases acaudaladas. Con la conquista del poder por los trabajadores y campesinos, *su* gobierno finalmente podía organizarse para llevar a cabo lo que técnicamente había sido posible durante unas cuantas décadas: que las masas trabajadoras tanto de la ciudad como del campo tuvieran luz eléctrica tras la puesta del sol. Que tuvieran la opción de prolongar el uso del día. Que pudieran decidir si suspender o no una reunión porque estaba oscureciendo. Que tuvieran la posibilidad de estudiar y trabajar cómodamente después de anochecer. Que los niños pudieran hacer sus tareas escolares o leer unos a otros por la noche. Simplemente bombear agua a una aldea tras otra, ahorrándole a cada familia incontables horas de trabajo matador, especialmente a las mujeres y las jóvenes.

La trayectoria de los bolcheviques apuntaba al logro de algo más amplio que el desarrollo económico y social de la Rusia soviética. Lenin presentó estas perspectivas sobre el fortalecimiento de la base obrero-campesina del poder soviético para que se discutiera, debatiera y aprobara por el Tercer Congreso de la Internacional Comunista, el partido mundial de la revolución fundado en 1919 a iniciativa de los bolcheviques.[7] Sin victorias proletarias que se extendieran a otros países, la revolución socialista en Rusia se vería cercada por las potencias imperialistas y

---

7. Ver "Base material del socialismo y plan de electrificación de Rusia", en las "Tesis del informe sobre la táctica del Partido Comunista de Rusia", redactadas por Lenin, así como su "Informe sobre la táctica del PCR", en el número 6 de *Nueva Internacional* y en *OCL*, tomo 44, págs. 9–10, 49–50.

derrotada. Una alianza mundial cada vez más amplia de trabajadores y campesinos, dirigida por el movimiento obrero comunista, tendría que luchar por esta perspectiva revolucionaria.

Cerrando brechas entre los trabajadores del mundo

Los bolcheviques entendían que ese objetivo —¡trabajadores del mundo, uníos!— era posible únicamente si las condiciones de los trabajadores estaban convergiendo a escala internacional. Únicamente si se estaba cerrando esta brecha *cultural*. Únicamente si más y más trabajadores por todo el planeta asumían un papel activo en la vida social y política y de esta manera podían reconocer a los trabajadores que realizaban dicha actividad social en otros países como hermanos y hermanas, y no simplemente como "lo ajeno". Entender y después actuar en base a esta realidad es el cimiento de un ciudadano del mundo.

Las gestiones para electrificar todo el país, dijo Lenin durante el debate del congreso en diciembre de 1920, estarían estrechamente ligadas al esfuerzo por erradicar el analfabetismo. Pero "no basta con que nuestra comisión se esfuerce en erradicarlo… Además de la alfabetización necesitamos trabajadores cultos, conscientes, instruidos, necesitamos que la mayoría de los campesinos comprendan claramente las tareas que nos aguardan".[8]

Al inicio del siglo XXI, estas cuestiones, y otras parecidas, siguen siendo esenciales para la construcción de partidos proletarios y de un movimiento comunista mundial. Siguen siendo fundamentales para las posibilidades de una colaboración política concreta y de actividades conjuntas por parte del pueblo trabajador en la batalla por

---

8. Lenin, "VIII Congreso de los Soviets de Toda Rusia", *OCL*, tomo 42, pág. 166.

la liberación nacional y el socialismo. Esta perspectiva se ve reforzada tanto por el tamaño y peso social crecientes de la clase trabajadora en toda Asia, América Latina y zonas cada vez más extensas de África, como por cada paso para mejorar las condiciones económicas y sociales de los trabajadores urbanos y rurales: desde la electrificación hasta la alfabetización, desde los servicios sanitarios y el agua potable hasta el acceso a la medicina moderna.

Nuestra política —la política proletaria— empieza con el mundo. Esto no es simplemente una observación correcta. Ni es un título conciso para una conferencia socialista. Por todas las razones que hemos estado discutiendo, es una necesidad política: el único punto de partida desde el cual la clase trabajadora *puede* empezar y no acabar en un pantano. En un solo país *no* somos más fuertes que nuestra propia clase dominante, y mucho menos frente a las fuerzas a veces combinadas de varias potencias imperialistas que defienden su dominación mundial. Jamás ha triunfado y sobrevivido una revolución proletaria sin el apoyo de una solidaridad obrera internacional suficientemente poderosa como para afectar la marcha de la historia.

Ante todo es el internacionalismo *proletario* de la política comunista lo que nos distingue de todas las fuerzas burguesas y pequeñoburguesas. La rivalidad cada vez más intensa entre los gobernantes imperialistas constantemente los impele hasta el último rincón del globo a la caza de mercados para sus productos y su capital, y de fuentes de mano de obra y materia prima barata. Ante los levantamientos de trabajadores y agricultores y los conflictos entre ellos mismos, los gobernantes imperialistas se crean alianzas internacionales y negocian tratados para reforzar sus respectivas posiciones a nivel económico, político y militar. Sin embargo, no empiezan con el mundo.

La política capitalista empieza con *sus* fronteras, *sus* monedas, *sus* fuerzas armadas, *sus* estados: con el nacionalismo y patriotismo burgués en defensa de sus ganancias, sus prerrogativas y su dominio de clase.

Revolución, cultura e igualdad

Al hablar de cultura, los comunistas hoy día, como Lenin en 1920, no nos referimos únicamente a la música y a las artes, aunque eso es parte de la cultura humana. El uso de la palabra tampoco tiene nada en común con los cánticos estalinistas (incluso sus variantes maoístas) sobre "revoluciones culturales". Estas siempre han terminado —después de la represión en gran escala, y hasta matanzas, de trabajadores e "intelectuales" "recalcitrantes y retrógrados"— en la destrucción arbitraria y brutal de las conquistas y libertades culturales de las cuales la clase trabajadora es hoy guardiana, protectora y defensora. La "Revolución Cultural" bajo Mao Zedong en China, los escuadrones de exterminio de Pol Pot en Camboya y la trayectoria de Sendero Luminoso en Perú son algunos de los horrores de las últimas cuatro décadas que vienen a la mente. Todos siguieron el camino que abrió Stalin. La prohibición de la ciencia genética en la Unión Soviética en 1948 es solo uno de los tantos ejemplos conocidos.[9]

---

9. Después de la colectivización forzosa de los campesinos por el régimen estalinista a finales de los años 20 y principios de los 30, los efectos combinados de la represión contra los trabajadores rurales y su resistencia a la misma condujeron a una devastadora reducción de la producción de granos. Esperando revertir las consecuencias desastrosas de su rumbo, el régimen se adhirió a los eccéntricos métodos de Trofim Lysenko para el cultivo de variedades de plantas, entre ellos su oposición a la ciencia de la genética. Desde mediados de los años 30 hasta la prohibición abierta de la investigación y educación genética en 1948, unos 80

A un nivel más fundamental, *la cultura* es lo que distingue a los seres humanos de nuestros ancestros bípedos más cercanos en la historia de millones de años de evolución de los primates. Lo que diferencia a los humanos de los seres que nos precedieron no es el uso o la elaboración de herramientas en sí, ni tampoco siquiera el perfeccionamiento de las herramientas; ambas actividades anteceden a los seres humanos en cientos de milenios. Lo que distingue a los seres humanos por encima de todo es la organización y planificación social consciente para transmitir el conocimiento de ese perfeccionamiento —sus "planos"— a generaciones posteriores y valerse de esas mejoras.

Solo los seres humanos hacen esto. Es el atributo *singular* del trabajo humano en la evolución de nuestra especie y el origen y desarrollo de la cultura. Es el prerrequisito de toda transformación social progresista de la naturaleza a un paso más rápido de lo que jamás permitiría la evolución. Es el prerrequisito, en palabras del Manifiesto Comunista, de la "revolución continua en la producción" arraigada en el nacimiento del capitalismo y su extensión "en todas las partes del globo".[10]

La cultura está atrofiada, distorsionada y corrompida en la sociedad de clases. El acceso pleno a los frutos de la civilización está monopolizado por las capas dominantes.

---

biólogos, agrónomos y otros que se oponían a la charlatanería de Lysenko fueron detenidos, arrestados, ejecutados o murieron en campos de detención. Un mínimo de 300 más se vieron forzados a abandonar sus empleos en investigación o enseñanza científica y varios laboratorios e institutos científicos fueron clausurados o "reorganizados".

10. Carlos Marx y Federico Engels, *El manifiesto comunista* (Nueva York: Pathfinder, 1992, 2008), pág. 35 [impresión de 2022].

Este monopolio se usa como instrumento para afianzar la opresión y explotación de las mayorías trabajadoras, de aquellos cuyo trabajo social es lo único que hace posible el avance de la cultura. El triunfo de las luchas obreras revolucionarias destinadas a derrocar el dominio capitalista y el sistema imperialista da inicio a la batalla para elevar el nivel cultural del pueblo trabajador a nivel mundial. Las victorias revolucionarias nos abren el camino para poder transformarnos, al tiempo que transformamos nuestras condiciones sociales. Para hacernos más inmunes a la demagogia de la clase dominante dirigida a justificar la opresión y los horrores de todo tipo.

En una charla ofrecida en 1924 a una conferencia de clubes obreros soviéticos, el dirigente bolchevique León Trotsky señaló que para un campesino la cultura podría empezar con "métodos de fumigación química para destruir langostas". Para la mujer, añadía, podría empezar con "comedores y guarderías públicas [que] den un estímulo revolucionario a la conciencia del ama de casa". En general, señaló Trotsky, la cultura requiere más que un nivel creciente de desarrollo científico, tecnológico e industrial que "libera a la humanidad de una dependencia de la naturaleza que es degradante". Además, la liberación de estas condiciones solo se puede completar cuando las relaciones sociales están "libres de misterios", son "completamente transparentes y no oprimen al pueblo".[11]

Tales relaciones sociales se pueden empezar a crear

---

11. Leon Trotsky, "El leninismo y los clubes obreros", en Trotsky, *Problems of Everyday Life* (Problemas de la vida cotidiana; Nueva York: Pathfinder, 1973), págs. 419, 424.

únicamente tras el derrocamiento revolucionario del dominio capitalista, el establecimiento de gobiernos de trabajadores y agricultores, la consolidación de la dictadura del proletariado y los primeros pasos en la construcción del socialismo que esto hace posible. Por eso, como dijo el dirigente comunista Ernesto Che Guevara a los estudiantes de medicina en Cuba en agosto de 1960, "Para ser médico revolucionario… lo primero que hay que tener es revolución".[12]

Sin embargo, mucho antes de que el proletariado remplace el capitalismo mundial con el socialismo, se comienza a forjar *la igualdad política* dentro del movimiento obrero revolucionario en el transcurso de las luchas y el trabajo de masas comunes. Ese tipo de igualdad no se limita a derechos jurídicos bajo una constitución. Es lo opuesto de la igualdad jurídica burguesa, la cual, si bien representó un avance histórico comparado con la arbitrariedad feudal, está deformada desde su origen por la reproducción social de las divisiones de clases.

En una democracia burguesa todos somos iguales "ante la ley". Durante tiempos difíciles a principios del siglo pasado, los agitadores socialistas solían recordar las palabras del escritor francés Anatole France: "La ley, con su majestuosa imparcialidad, le prohíbe igualmente al rico que al pobre dormir bajo los puentes, pedir limosna en las calles y robar pan". Esa es la igualdad política hoy. Es una justificación ideológica de las relaciones sociales que obligan a los trabajadores, para sobrevivir, a que vendamos nuestra fuerza de trabajo a un patrón que se apropia del producto de nuestro trabajo. Es una justifica-

---

12. "Para ser un médico revolucionario, primero hay que hacer revolución", en Ernesto Che Guevara, *Che Guevara habla a la juventud* (Nueva York: Pathfinder, 2000).

ción del sistema capitalista que enriquece a un puñado minúsculo de familias acaudaladas con la riqueza producida por la labor de los trabajadores y agricultores. Es una justificación del sistema imperialista con sus inevitables tendencias hacia la intensificación de la competencia entre capitales; el saqueo despiadado del mundo semicolonial; el odio racista, religioso, nacional y antijudío; la volatilidad económica y la depresión; la crisis social; el fascismo (correctamente denominado "nacionalsocialismo") y la guerra mundial. Se utiliza para justificar todos estos productos del capitalismo con opiniones reaccionarias y eruditas acerca del "atraso" y "la estupidez" de los productores en el país y en el exterior.

Lenin y los bolcheviques entendían estas realidades de clase de la democracia burguesa hasta los tuétanos y se dieron a la tarea de dirigir a los trabajadores para remplazarlas a nivel mundial.

La política empieza con millones

Una lucha revolucionaria exitosa por el poder abre las puertas para comenzar a hacer política en gran escala, y con mayores consecuencias para los trabajadores del mundo. "La política empieza allí donde hay millones de personas; la política seria empieza allí donde hay no miles, sino millones de personas", recordaba Lenin ante un congreso del partido en marzo de 1918.[13]

Néstor López Cuba, un general de división en las Fuerzas Armadas Revolucionarias de Cuba, relata la historia, que se recuenta en *Haciendo historia*, de su primera respuesta como joven combatiente del Ejército Rebelde tras la victoria revolucionaria en enero de 1959 contra

---

13. Lenin, "VII Congreso Extraordinario del PCR(b)", *OCL*, tomo 36, pág. 18.

la dictadura batistiana respaldada por Washington. Entregó su fusil y se aprestó a regresar a la finca de su familia, diciendo a sus compañeros de combate, "Me voy. Ya esto terminó". Pero su comandante se le enfrentó: "Tú estás rajado. Tú no te puedes ir. Cómo va a ser eso si esto es ahora que está empezando". López Cuba y cientos de personas como él se quedaron para ayudar a dirigir la revolución.[14]

Esto era lo que Lenin estaba recalcando en su informe de marzo de 1918. Una vez que la clase trabajadora ha tomado el poder, se presentan retos aún más decisivos. Se organiza la defensa de la revolución, se forja la conciencia internacionalista proletaria de un creciente número de trabajadores y se comienza la transformación de las condiciones de la humanidad a nivel mundial. Eso es política.

Lo que es más, es la *forma final* de la política en la historia humana. Después que se hayan logrado esos objetivos no habrá más política. A nosotros nos resulta difícil incluso concebir esto hoy. Los que estamos en esta conferencia estamos haciendo todos los esfuerzos posibles para construir el núcleo de partidos de masas y un movimiento internacional de políticos proletarios profesionales, de soldados de la revolución. Para ser personas políticas.

Los trabajadores comunistas necesitamos reconocer que las cosas que debemos hacer —las cosas que son tan decisivas para deshacerse de una vez por todas de lo que Marx y Engels llamaban "el cieno de siglos"[15] y los horrores de la sociedad de clases— significan usar los

---

14. Mary-Alice Waters, editora, *Haciendo historia: entrevistas con cuatro generales de las Fuerzas Armadas Revolucionarias de Cuba* (Nueva York: Pathfinder, 2001), pág. 26 [impresión de 2020].

15. Carlos Marx y Federico Engels, "La ideología alemana", en *Obras escogidas* (Moscú: Editorial Progreso, 1973), tomo I, pág. 38.

mejores y más actualizados instrumentos heredados de la vieja sociedad. Es así que como clase trabajadora hereditaria —una clase que, en el amplio marco de la historia humana, aún es nueva y está en crecimiento— podemos organizarnos a nosotros mismos y a otros trabajadores para hacer revoluciones en nuestros propios países, derrocar el sistema imperialista y sumarnos a la lucha mundial por el socialismo. Es la única forma de abrir el camino hacia un mundo sin explotación, sin clases, sin guerras y sin necesidad de política.

Dentro de unos siglos la gente volverá la vista atrás y necesitará que se le explique todo esto. ¿Qué era la "política"? ¿Qué era un "político"? ¿Qué eran los "soldados"?

S<small>I PODEMOS EMPEZAR</small> a comprender la importancia fundamental que tiene para la política revolucionaria proletaria la necesidad de cerrar la brecha cultural entre los trabajadores urbanos y rurales, no solo en un país sino a nivel mundial, entonces podremos comprender la alarma que se manifestó en la embajada norteamericana en Cuba en 1959 cuando informaron a Washington que el comandante Ernesto Che Guevara estaba usando la fortaleza de La Cabaña en La Habana. El cuartel capturado de la antigua dictadura de Batista estaba siendo utilizado para la capacitación militar del Ejército Rebelde. No se trataba de someter a los nuevos reclutas a novatadas degradantes y brutales, lo cual es un procedimiento de rutina durante el entrenamiento básico en los ejércitos burgueses. Más bien, la disciplina y el adiestramiento con armas iban acompañados de clases de alfabetización para soldados rasos y comandantes, así como lecturas de poesía, exposiciones de arte, teatro, conciertos y funciones de ballet. Esto era una muestra, argumentaban correctamente los agentes norteamericanos, de las tendencias comunistas de la dirección revolucionaria cubana.

También podemos entender mejor por qué la CIA dirigió a los bandidos contrarrevolucionarios en Cuba en 1961 a que convirtieran a los jóvenes alfabetizadores voluntarios en blancos especiales de actos de terror. No debemos olvidar nunca la prioridad central que el victorioso Ejército Rebelde y el gobierno revolucionario de Cuba dieron a la campaña nacional de alfabetización realizada en los primeros años después de la victoria. Ese proyecto se había iniciado durante la misma guerra revolucionaria entre los cuadros del Ejército Rebelde, ejército que llegó a estar conformado en su gran mayoría por agricultores y trabajadores del campo, muchos de los cuales no sabían leer ni escribir cuando se alistaron. Y en 1961, el Año de la Educación, el nuevo gobierno de trabajadores y agricultores hizo de la campaña de alfabetización el foco galvanizador de la revolución. Jóvenes adolescentes y apenas mayores de 20 años, hijos e hijas de trabajadores así como jóvenes de la clase media en las ciudades, se tomaron licencia por un año de sus propias clases o empleos para ir a vivir a las zonas rurales y unirse a la batalla para eliminar el analfabetismo. Fue una batalla a nivel nacional para acelerar y hacer irreversibles las posibilidades que se habían creado para que los campesinos y trabajadores buscaran, adquirieran y utilizaran conocimientos: para desarrollar y defender mejor los avances que estaban haciendo.

Lo que los jóvenes soldados estaban aprendiendo en la fortaleza de La Cabaña, lo que los jóvenes de toda Cuba hicieron durante la campaña de alfabetización: eso nació de la misma conciencia de clase y solidaridad proletaria revolucionaria que permitieron que los trabajadores y campesinos cubanos lucharan juntos y derrotaran la invasión organizada por Washington en abril de 1961 en Playa Girón (que los trabajadores en Estados Unidos conocen como Bahía de Cochinos). Es lo que permitió que los trabajadores de Cuba frenaran la mano de Washington durante la "crisis de los misiles" en octubre de 1962. Es la fuente de la convicción, inspiración y valentía políticas que han llevado a cientos de miles de cubanos a ofrecerse como voluntarios en misiones internacionalistas desde Argelia hasta el Congo y Angola, Argentina y Bolivia, Granada y Nicaragua, Venezuela y más allá. Es lo que explica el carácter humano y de principios —el carácter proletario— de la dirección comunista de Cuba desde aquellos días hasta hoy. Lo que comenzaron, jamás lo han dejado de hacer.

Todas las cuestiones planteadas por las continuas crisis y los trastornos del capitalismo internacional solo se pueden comprender claramente, y contestar en la práctica, si partimos de una perspectiva mundial. Solo entonces podemos reconocer y empezar a actuar para impulsar alternativas proletarias en vez de las alternativas —eternamente recurrentes— del mal menor, cualquiera de las cuales refuerza las actuales relaciones sociales de explotación y opresión.

La tarea de un partido comunista es hacer una revolución en el país donde nos encontramos, donde vivimos y trabajamos. Necesitamos entender, y entender a fondo, la política y la lucha de clases dentro de esas fronteras nacionales.

Pero eso lo podemos hacer únicamente si partimos del hecho que esas peculiaridades nacionales y sus cambios son producto del funcionamiento de un mercado mundial. Necesitamos reconocer que formamos parte de una clase internacional que no tiene patria —la clase trabajadora— y actuar siempre como si formamos parte de una alianza internacional con los trabajadores y agricultores explotados y oprimidos de todo el mundo. Esto no es una consigna. No es un imperativo moral. No es una propuesta de acto de voluntad. Significa reconocer *la realidad de clase* de la vida económica, social y política en la época imperialista. Esto nos permite actuar de manera eficaz como bolcheviques que somos americanos (por pasajero que sea) y no como "bolcheviques americanos".

Esto último podría ser a lo que aspiran muchachos y muchachas "bien intencionados", según calificó Trotsky en una ocasión a la juventud shachtmanista que se escindió del partido proletario en la víspera de la Segunda Guerra Mundial. Pero de todas maneras viene siendo una forma de nacionalsocialismo.

Electrificación

Como señalaba Lenin con insistencia, la electrificación es una precondición elemental si han de desarrollarse la industria moderna y la vida cultural, y los comunistas luchan para que se extienda a todos —*todos*— los 6 mil millones de personas del mundo. Esta lucha es un ejemplo perfecto de cómo la política proletaria, nuestra política, comienza con el mundo.

Esta perspectiva mundial por sí sola nos diferencia de las clases dominantes imperialistas. Nos diferencia de amplios sectores de las pequeñas burguesías en los países imperialistas, a quienes se les ha hecho creer que *ellos* tienen derecho a *su* nivel de vida en base a una cantidad ilimitada de energía eléctrica, pero que temen que al extenderla a miles de millones "de otros" se produciría "un desangramiento insostenible de recursos naturales", es decir, una amenaza a su situación privilegiada. Y distingue al proletariado de las burguesías nacionales en el mundo semicolonial, cuyas medidas de electrificación van dirigidas a suministrar energía para sus necesidades, sus negocios, su comercio y su infraestructura, y no para escuelas y hospitales, hogares y transporte, agua y sanidad pública.

Steve Clark buscó algunas cifras sobre la electrificación al preparar la clase que va a presentar aquí en la conferencia. Más de 2 mil millones de personas —una tercera parte de la población mundial— no tienen acceso a ninguna forma de energía moderna, ya sea electricidad o fuentes modernas de combustibles para cocinar y para la calefacción. Tienen que depender de velas o lámparas de keroseno para el alumbrado, y de leña, estiércol o paja para el combustible. Sin fuentes de energía para bombear agua, dependen de la fuerza manual o de bueyes para llevar el agua. La cifra de 2 mil millones viene del Banco Mundial —una de las principales instituciones imperialistas— y es probable que subestime la realidad. Por ejemplo, el propio Banco Mundial señala que las oficinas de estadísticas de muchos países, entre ellos India, ¡"consideran electrificados todos los hogares de una aldea si ésta tiene un poste de alumbrado y una bomba de agua eléctrica"! Por supuesto, si uno vive en muchas partes del mundo actual, la obtención de una bomba de agua eléctrica en su pueblo, o de un poste de alumbrado eléctrico en la calle, es motivo de celebración. Pero que de allí la burguesía alegue que esas aldeas cuentan con electrificación es un asunto diferente.

Las únicas regiones del mundo que se aproximan a condiciones de electrificación universal, nuevamente empleando las cifras del Banco Mundial, son los países imperialistas de Norteamérica, Europa occidental y Asia y el Pacífico —es decir, Japón, Nueva Zelanda y Australia— así como los estados obreros de Europa central y oriental y la antigua Unión Soviética (incluidas las repúblicas centroasiáticas) y Cuba.

La brecha que hemos venido discutiendo en cuanto a las condiciones del pueblo trabajador en diferentes partes del globo queda subrayada por el hecho que los países imperialistas, con el 14 por ciento de la población mundial, consumen cerca del 60 por ciento de la electricidad. Solo Estados Unidos, con un 5 por ciento de la población mundial, consume más de un cuarto de la electricidad.

África subsahariana, por otro lado, comprende el 9 por ciento de la población mundial, pero usa el 1 por ciento de la producción eléctrica mundial. En Costa de Marfil, uno de los países económicamente más desarrollados de África occidental, el 13 por ciento de la población rural tiene electricidad. (Y no hay que olvidar que solo estamos hablando de *acceso* a la electricidad, no si el servicio es fiable o costeable, que son cuestiones adicionales.) En Ghana el 4 por ciento de la población rural tiene acceso a la electricidad. En Sudáfrica la cifra supera hoy el 27 por ciento de la población. Gran parte de esto se ha logrado solo en el último lustro, ya que el antiguo régimen del apartheid le dio prioridad a la electricidad únicamente en zonas habitadas por blancos.

En Asia, más del 20 por ciento de la población de Tailandia aún no tiene acceso a ningún tipo de electrificación; en Pakistán más del 40 por ciento y en Nepal más del 90 por ciento.

¿Y qué de la situación en América Latina y el Caribe cuatro décadas después de la "Alianza para el Progreso" de la administración de John F. Kennedy? En Argentina, uno de los países de mayor desarrollo industrial en el mundo semicolonial, el 10 por ciento de la población vive sin electricidad, y el porcentaje es varias veces mayor en las zonas rurales, donde casi 2.5 millones de personas no tienen acceso a fuentes energéticas modernas. En Brasil, otro de los países más industrializados del Tercer Mundo, casi el 40 por ciento de las zonas rurales no están electrificadas, como tampoco un 10 por ciento de las zonas urbanas. Dos tercios de los trabajadores rurales no tienen acceso a la electricidad en Nicaragua, más del 30 por ciento en Jamaica y más de una cuarta parte en Ecuador.

¿Y qué de Panamá, un país que se ha "beneficiado" con un siglo de "acuerdos" que le dan al imperialismo estadounidense el control sobre una franja estratégica del territorio de ese país, y con el dólar norteamericano, y con las bases del Pentágono en la Zona del Canal? ¿Qué de esa tierra que Washington invadió hace poco más de una década, matando o mutilando a miles con sus bombas incendiarias y sus bombardeos? Más de la mitad de la población rural de Panamá, así como la cuarta parte de los habitantes de las ciudades, no tienen acceso a la electricidad.

Cuba sobresale. El 95 por ciento de la población tiene acceso a la electricidad, y hoy día el gobierno está organizando medidas para completar la tarea. Ha emprendido la instalación de paneles solares para asegurar que hasta en las zonas montañosas más remotas de la isla haya electricidad para las escuelas y alumbrado para que la población pueda leer, discutir, ver televisión y organizar actividades culturales de noche. Para que la ciudad y el campo puedan avanzar hacia una equivalencia de tiempo disponible para la actividad social productiva por parte de los trabajadores y agricultores. Ellos pueden lograr esto porque, al igual que en la Rusia soviética durante la época de Lenin, el cimiento de la revolución sigue siendo la alianza de los trabajadores y campesinos.

Las cifras mundiales de electrificación dan un indicio de la enorme disparidad actual del desarrollo social y cultural, creada por las relaciones sociales capitalistas y la tendencia de estas disparidades a aumentar. Los gobernantes imperialistas no tienen la menor intención de reducir sus ganancias ni de perdonar deuda alguna para que se pueda llevar electricidad a las masas trabajadoras del mundo semicolonial. Les importa un comino destruir las condiciones de salud y seguridad o el ambiente natural en esos países. Las potencias capitalistas industrialmente avanzadas buscan más y más usar zonas de África, Asia y América Latina como basureros para todo tipo de desechos peligrosos.

Hoy día el carbón es la fuente energética que más ampliamente se utiliza en el mundo. Esto se destaca sobre todo en Asia, donde el carbón representa más del 60 por ciento de la generación de energía, y en África, donde suple más del 70 por ciento. (Sudamérica es una excepción; allí la principal fuente de energía es la generación hidráulica y se usa relativamente poco carbón. El petróleo y el gas natural son las principales fuentes de energía en el Medio Oriente.)

La energía generada con la combustión de carbón, como sabemos casi todos por experiencia propia, cobra un precio bastante fuerte en cuanto a la salud pública y al medio ambiente. En Estados Unidos, por ejemplo, donde poco más de la mitad de la electricidad se produce quemando carbón, se calcula que los contaminantes provocan unas 15 mil muertes prematuras cada año.

Y las consecuencias son peores en el resto del mundo, donde las costosas tecnologías de "carbón limpio" son menos accesibles y menos utilizadas. El uso de "depuradores" de chimeneas, que los patrones de las compañías del carbón y de servicios públicos en Estados Unidos se resisten a comprar en su afán de ganancias, puede disminuir considerablemente diversos derivados dañinos, pero no el dióxido de carbono u otros gases que afectan la atmósfera del planeta. Y la combustión de carbón es responsable de más del 70 por ciento de las emisiones de dióxido de carbono que resultan de la producción eléctrica a nivel mundial y más de un tercio de las emisiones por la producción energética de todo tipo.

En *America's Road to Socialism* (El camino de América hacia el socialismo), Jim Cannon señaló hace medio siglo otra ventaja de encontrar alternativas a la energía generada por la combustión de carbón, planteamiento que hoy día seguimos tomando en serio. "Podemos visualizar un gran sistema de centrales eléctricas impulsadas por energía atómica", dice, "quitando la carga de trabajo de los hombros de medio millón de mineros del carbón..."[16] Esa sigue siendo nuestra meta: liberar a los mineros del trabajo de minar. Si el principio que guía a los gerentes de minas no fuese la búsqueda del máximo de ganancias, claro está, se podría hacer mucho ahora mismo para disminuir los riesgos de las explosiones de metano, derrumbes de techos, polvo de carbón y demás peligros. ¿Pero por qué someter a los trabajadores a los peligros inherentes en las minas subterráneas si no es socialmente necesario?

---

16. James P. Cannon, *America's Road to Socialism* (Nueva York: Pathfinder, 1975), p. 93.

La Tierra tiene aún mucho carbón, que sin duda seguirá siendo una fuente energética por muchos años. Pero no es la solución para responder a las necesidades energéticas a largo plazo de la humanidad. Tampoco lo son, para el futuro inmediato, la energía solar, la energía eólica y otras fuentes energéticas renovables. Estas fuentes sí pueden satisfacer ciertas necesidades específicas, como lo está demostrando hoy día el gobierno cubano. Sin embargo, la producción y el uso de paneles solares y molinos eólicos a una escala suficiente como para alumbrar de manera segura el mundo y mantener funcionando las fábricas requerirían en sí enormes cantidades de energía y de recursos naturales y, en el caso de la energía eólica, superficies grandes. Por no decir nada de la producción de desechos tóxicos industriales en este proceso.

EN CONTRASTE CON las potencias industriales del mundo imperialista, el 79 por ciento de la humanidad que vive en los países semicoloniales tiene muy poco o no tiene acceso a la energía nuclear, la cual produce la mayor cantidad de energía con el menor empleo de recursos y la menor emisión de contaminantes atmosféricos. En Francia, por ejemplo, cerca del 80 por ciento de la electricidad se produce actualmente con energía nuclear, y la cifra se aproxima a un 25 por ciento en el conjunto de los países imperialistas. Aunque en Estados Unidos la cifra aún es un poco menos del 20 por ciento, los más de 100 reactores en este país producen la mayor cantidad absoluta de energía nuclear en el mundo. En Asia del sur, por otro lado, la cifra es solo del 2 por ciento y en Asia oriental es del 6 por ciento. En América Latina y el Caribe es menos del 1 por ciento, y es prácticamente cero en el Medio Oriente y África.[17] Desde mediados de los años 70 el Partido Socialista de los Trabajadores se ha opuesto a la producción y al uso de la energía nuclear en Estados Unidos. Hemos mantenido esta posición porque los dueños del capital y su gobierno son incapaces, por las leyes que impelen su sistema, de poner a los seres humanos por encima de las ganancias al encarar los problemas que plantea la operación de centrales nucleares: el diseño y la operación de los núcleos del reactor nuclear para evitar derretimientos, la fabricación y redundancia de recintos de contención seguros, y la eliminación de los desechos radiactivos y tóxicos.

Sin embargo, nuestra posición es política; no se basa en la vida media de un átomo. Los marxistas partimos de la capacidad histórica demostrada por los seres humanos

---

17. Según la Asociación Nuclear Mundial, en 2004 había 437 centrales nucleares en funcionamiento a nivel mundial, 30 más en fase de construcción y 32 encargadas o proyectadas. De las que están en fase de construcción, la mitad se encuentra en países semicoloniales en Asia, principalmente en India (30 por ciento), China (7 por ciento) y Corea del sur (3 por ciento); una quinta parte está en Rusia y un 10 por ciento en otros países de Europa oriental y central. De las que están ordenadas o proyectadas, el 27 por ciento están en Corea del sur, 13 por ciento en China y 6 por ciento en América Latina (Argentina y Brasil.) Aparte de Finlandia, donde se proyecta una central nuclear, Japón es el único país imperialista con reactores encargados o proyectados (el 40 por ciento del total mundial). Después del accidente en 1979 de la central Three Mile Island en Pennsylvania, no se han hecho nuevos encargos de centrales nucleares en Estados Unidos; en buena medida es la misma situación en Europa occidental. En cambio, en la producción total de electricidad a nivel mundial, la parte producida con reactores nucleares aumentó en más del doble, del 8 por ciento en 1979 a más del 16 por ciento en 1987, manteniéndose más o menos a ese nivel desde entonces.

de transformar la naturaleza, elevar la productividad del trabajo social y fomentar el acceso de más y más de los trabajadores y agricultores del mundo a la civilización y a la cultura.

Ese es el error principal del argumento de Fred Halstead en *What Working People Should Know about the Dangers of Nuclear Power* (Lo que el pueblo trabajador debe saber sobre los peligros de la energía nuclear), un folleto que usamos como parte de nuestro arsenal propagandístico por más de 20 años.[18] Desde la primera oración del folleto —"El peligro especial que representa la energía nuclear para la salud, la seguridad y la vida misma se puede resumir con una palabra: *radiación*"— hasta la última —"Podemos acabar con la amenaza de la energía nuclear a la existencia misma de la humanidad"— enfoca las cuestiones de seguridad planteadas por la energía nuclear y los desechos radiactivos como hechos inmutables de la naturaleza, no como cuestiones sociales y políticas que pueden ser afrontadas y resueltas por los trabajadores. No parte de dónde se sitúa el desarrollo de la energía nuclear —y las cuestiones de seguridad, salud y degradación del medio ambiente planteadas no solo por esta sino por otras fuentes alternas de energía— en la marcha histórica de los trabajadores y agricultores hacia la lucha revolucionaria por la liberación nacional y el socialismo a nivel mundial. En gran parte es una valiosa explicación en lenguaje común —con diagramas atómicos y todo— del ABC de la física nuclear: ¿qué es un átomo? ¿qué causa la radiación? ¿cuál es la diferencia entre fisión y fusión? ¿cómo funcionan los reactores? y más.

No es que la información básica del folleto esté nece-

---

18. Halstead, *What Working People Should Know about the Dangers of Nuclear Power* (Nueva York: Pathfinder, 1981).

sariamente errada (aunque sí es un error el hecho que prácticamente descarta las consecuencias dañinas a la salud y al medio ambiente por la combustión de carbón, incluida la producción de desechos de dióxido de carbono). Pero el folleto evita las *cuestiones políticas* esenciales que tiene que enfrentar el movimiento obrero revolucionario. La energía nuclear seguirá desarrollándose. La cuestión es qué clase terminará guiando este proceso y en interés de quién.

La competencia de capitales, el afán por el máximo de ganancias, fomenta la innovación tecnológica en el capitalismo y continuará así mientras exista este sistema social. Al mismo tiempo, estas leyes de acumulación del capital presionan a la clase patronal a que subordine (y a menudo a que suprima) avances científicos y tecnológicos que beneficiarían a sus competidores —y a los productores— con tal de maximizar las ganancias. Los capitalistas muestran así su desdén inhumano por la salud y la seguridad de los trabajadores y del público más amplio. Y les importa un comino las consecuencias que tenga a largo o a corto plazo con relación al medio ambiente.

MUESTRA DEL CARÁCTER salvaje e inhumano del capitalismo es la realidad que muchos de los mayores avances de la ciencia y la tecnología, incluso de la energía nuclear, son producto de los preparativos de los gobernantes para guerras y matanzas. Así ha sido durante toda la historia de la sociedad de clases, pero las consecuencias en la época imperialista verdaderamente amenazan la existencia de la humanidad.

Vale recordar que el Partido Socialista de los Trabajadores apoyó la decisión del gobierno cubano, a principios de los años 80, de pactar un convenio con la Unión

Soviética de ayuda financiera y técnica para la construcción de una central nuclear en Juraguá. Nuestra posición sobre la energía nuclear en Estados Unidos nunca ha sido una panacea universal y ahistórica. El gobierno cubano intentaba disminuir la dependencia del país a la importación del petróleo de la Unión Soviética, México, Venezuela u otros países. Tanto el gobierno de Estados Unidos como los contrarrevolucionarios cubanoamericanos cínicamente trataron de suscitar simpatía hacia su campaña contra la Revolución Cubana al intentar avivar histeria en Florida contra la central y atraer a fuerzas de clase media de grupos ambientalistas y antinucleares en Estados Unidos.

E<small>L GOBIERNO CUBANO</small> se vio forzado a suspender la construcción de la central en 1992 cuando el colapso del régimen estalinista en la Unión Soviética abruptamente puso fin a la asistencia financiera y técnica que se necesitaba. Después de casi una década de duras negociaciones con el gobierno ruso, los cubanos llegaron a la conclusión de que no podrían obtener condiciones que fuesen costeables o que les ofrecieran garantías suficientes para que pudieran operar y mantener la planta; por lo tanto, en diciembre de 2000 anunciaron que no planeaban reanudar las labores del proyecto. Pero si el gobierno cubano viese la posibilidad y la necesidad de reiniciar un programa de energía nuclear, nosotros abordaríamos las cuestiones planteadas desde la misma perspectiva política que con el reactor de Juraguá: la perspectiva del proletariado internacional.

Adoptamos esta posición no porque Cuba hizo una revolución socialista hace cuatro décadas, no porque es un estado obrero, no porque sigue bajo la guía de una dirección revolucionaria. Lo hacemos porque Cuba, en cuanto a su desarrollo económico, sigue siendo un país semicolonial. El movimiento comunista igualmente defiende las medidas que puedan tomar los gobiernos de India, Irán, Brasil, Sudáfrica o cualquier otro país del mundo semicolonial para incrementar y ampliar la electrificación. El gobierno y el Partido Comunista de Cuba rechazarían también todo intento de hacer de Cuba una excepción en este sentido.

Dadas las necesidades energéticas incumplidas de miles de millones de personas alrededor del mundo, especialmente en los países semicoloniales; los crecientes costos de extracción y refinado de los recursos petroleros del mundo; y el daño acumulado y acelerado a la atmósfera del planeta a causa de la combustión de petróleo, carbón y otros hidrocarburos, las centrales nucleares sí se usarán para generar un creciente porcentaje de la energía eléctrica del mundo en el siglo XXI. Eso es seguro, y por necesidad. La pregunta es por cuánto tiempo serán los gobiernos al servicio de las familias gobernantes imperialistas y de otros explotadores capitalistas los que lleven a cabo el diseño y la construcción de recintos de contención, el control de las operaciones de los reactores y la eliminación de desechos atómicos: con todas las consecuencias que esto acarrea para la salud y la seguridad públicas. Cuánto tiempo hasta que estas cuestiones vitales —incluyendo, al final, la transición de la energía nuclear a otras fuentes energéticas más seguras que aún están por desarrollarse— sean organizadas por gobiernos de trabajadores y agricultores que actúen en función de los intereses de la gran mayoría de la humanidad. No podrían ser más claros los intereses que están en juego en la resolución de esa interrogante, un desenlace que se resolverá en históricas batallas de clases.

Los peligros de la energía nuclear no sirven de argumento contra sus posibles beneficios para el avance de la electrificación del mundo; más bien son un argumento *a favor* de organizar al pueblo trabajador para que les arrebate el poder a los explotadores capitalistas. El movimiento comunista no tiene "una posición sobre la energía nuclear", ni a favor ni en contra. Tenemos una orientación proletaria internacionalista para impulsar la lucha revolucionaria por la liberación nacional y el socialismo. Por este camino, los trabajadores de vanguardia en los países imperialistas podemos explicar claramente a los pueblos del mundo semicolonial que rechazamos la política de nuestras propias clases dominantes y apoyamos la extensión de la energía eléctrica a los miles de millones de habitantes del planeta que se ven obligados a vivir y a trabajar sin ella. Lucharemos para que los trabajadores, agricultores y capas de la clase media que podamos influenciar también entiendan y apoyen esta perspectiva.

Libre comercio: 'de igual forma los trabajadores sucumbirán'

Nuestra política, la política proletaria, respecto a lo que los gobernantes capitalistas llaman "libre comercio" también empieza con el mundo.

En su "Discurso sobre la cuestión del libre comercio", pronunciado en enero de 1848, Carlos Marx advirtió al pueblo trabajador y a los demócratas, "¡No se dejen engañar por la palabra abstracta Libertad!" ¿La libertad de quién? preguntó. "No la libertad de un individuo respecto a otro, sino la libertad que tiene el capital de aplastar al trabajador". Marx señaló que bajo las relaciones sociales capitalistas, ya sea libre comercio o proteccionismo la política vigente del gobierno, de igual forma el trabajador "sucumbirá".[19] Desde que Marx preparó ese discurso para ser publicado por primera vez hace más de siglo y medio, la estructura del mundo capitalista ha cambiado bastante, con el ascenso y la consolidación del orden imperialista global. Lo que no ha cambiado, sin embargo, es lo acertado de las palabras finales de Marx: que al juzgar la política comercial de uno u otro gobierno capitalista, lo que decide la posición del movimiento obrero es lo que "acelere la Revolución Social".

Comenzamos con los intereses de la clase trabajadora, que es una clase internacional. No tenemos un modelo que sirva para todo momento, toda situación y todo lugar. En cuanto a los productos que llegan a Estados Unidos, nuestra posición sobre el libre comercio es muy sencilla: *estamos a favor*. Los comunistas en otros países imperialistas toman la misma posición respecto a "su propio" gobierno. Nos oponemos incondicionalmente a que los gobernantes de Estados Unidos impongan barreras proteccionistas de cualquier índole, bajo cualquier pretexto, a los productos importados. Y nos oponemos a que Washington imponga un embargo a la exportación de productos a Cuba, Iraq, Corea del norte, Irán ¡o para el caso, a cualquier país imperialista!

Hacemos todo lo posible por exponer la demagogia del capital financiero sobre el "libre comercio". La política comercial de los gobernantes es una *política nacionalista* de cabo a rabo. Es una política que busca defender los intereses nacionales de la clase explotadora, lo cual incluye equilibrar las necesidades de lucro antagónicas de sectores capitalistas que son vulnerables en grados

---

19. Carlos Marx, "Discurso sobre la cuestión del libre comercio", en Marx y Engels, *Collected Works* (Obras completas) en inglés, tomo 6, págs. 463–65.

"La escasez no tiene nada que ver con el hecho que hoy día más de un tercio de la humanidad no tiene acceso a la electricidad, o se acuesta sin alimentación suficiente, o no tiene acceso al agua potable. Esas son cuestiones sociales, cuestiones de clase, cuestiones políticas".

ARRIBA: Mujeres en Sri Lanka van a buscar agua, 2004. En todo el mundo semicolonial, la falta de bombas eléctricas significa que cientos de millones se ven obligados a acarrear agua a mano, tarea que mayormente recae en las mujeres. **ABAJO:** Planta enriquecedora de uranio en Resende, Brasil, 2004, que los representantes imperialistas, bajo auspicios de la ONU, insistieron en "inspeccionar", violando la soberanía del país. Un 40 por ciento del campo brasileño carece de electricidad. La generación con centrales nucleares es el único camino posible hacia el desarrollo para muchos de los trabajadores y agricultores del mundo.

muy distintos a la competencia en el mercado mundial. Bajo la consigna del libre comercio, el gobierno estadounidense recurre a las llamadas cláusulas antidumping, restricciones "ambientales" y "normas laborales", demagogia de "derechos humanos" y otras medidas para llevar a cabo guerras comerciales brutales y agresivas, no solo contra sus rivales imperialistas sino, con ferocidad especial, contra los países semicoloniales. Según las cifras conservadoras del propio Banco Mundial, por ejemplo, las barreras comerciales impuestas por los países industrializados avanzados cuestan a los países que el banco denomina los 50 menos desarrollados del mundo un total de 2.5 mil millones de dólares por año en ingresos por exportaciones. Casi la mitad de esta suma se debe a las medidas proteccionistas norteamericanas, y un alto porcentaje de ésta corresponde a productos agrícolas básicos.

Todo el palabrerío de la Casa Blanca, del Congreso y de la prensa capitalista sobre las "complejidades" y los trastornos de las negociaciones internacionales para impulsar el "libre comercio" no es más que una pantalla para defender sus propios intereses. Lo único que tendrían que hacer los gobernantes norteamericanos es declarar que todos los bienes que llegan a Estados Unidos están libres de barreras arancelarias y no arancelarias de todo tipo. Es lo que el Partido Socialista de los Trabajadores reivindica en Estados Unidos y lo que nuestros compañeros exigen de los gobiernos de Canadá, Francia, Suecia, Islandia, Australia, Nueva Zelanda y el Reino Unido.

Sin embargo, no es lo que reivindican los comunistas en la mayoría de los países del mundo hoy día. El funcionamiento del mercado capitalista mundial produce una enorme y desmesurada transferencia de las riquezas que producen los trabajadores y campesinos de África, el Medio Oriente, América Latina y la mayor parte de Asia y del Pacífico hacia los países imperialistas. Esa extorsión no la garantizan principalmente las condiciones de comercio "injustas" impuestas desde afuera sobre el mercado mundial. Ante todo la garantiza el valor diferencial de la fuerza de trabajo y la brecha en la productividad del trabajo entre los países imperialistas, por un lado, y los países oprimidos y explotados por el imperialismo, por el otro: diferenciación que no solo subyace el intercambio desigual, sino que lo reproduce y aumenta implacablemente.

El imperialismo deforma las estructuras económicas del mundo semicolonial. La "ventaja comparativa" de las naciones oprimidas en el mercado capitalista mundial se limita principalmente a la producción y exportación de productos agrícolas y materias primas, además de servir en las últimas décadas de "plataformas de exportación" de productos de manufactura ligera y otros productos industriales, en muchos casos hechos en fábricas propiedad de imperialistas. Aun en el caso de estos productos, los países del mundo semicolonial se ven pateados cada vez que intentan meterse en los mercados que codician los gigantes agrícolas e industriales de Norteamérica, Europa o Japón.

Mientras tanto, las grandes empresas en Estados Unidos y demás potencias imperialistas exportan productos industriales pesados, tecnologías, máquinas-herramienta, otros productos manufacturados y productos agrícolas, así como grandes cantidades de capital. Hoy día el capital exportado, sobre todo a los países semicoloniales, no solo asume la forma de compras de tierras agrícolas, fábricas, negocios detallistas y mayoristas, compañías de seguros, bancos y derechos minerales. También adquiere la forma de préstamos que atrapan a estos países en una vorágine de esclavitud por deudas a los bancos y gobiernos imperialistas, muchas veces por intermedio de instituciones financieras "internacionales" como el Banco Mundial y el Fondo Monetario Internacional.

Últimamente las monedas de un creciente número de países en América Latina y otros países semicoloniales han sido ligadas más directamente al dólar. Ecuador y El Salvador incluso han adoptado el dólar estadounidense como su moneda nacional en el último año, sumándose a Panamá, que ha estado encadenado al dólar desde los últimos años de la Segunda Guerra Mundial. Pero el ejemplo que más resalta es el de Argentina. A principios de los años 90 era el modelo de "libre comercio" que el imperialismo estadounidense le presentaba al Tercer Mundo. Se decía que el secreto de su "crecimiento sin inflación" era la decisión de la burguesía argentina una década atrás de fijar el peso al equivalente de un dólar. Sin embargo, desde mediados de los años 90, el peso sobrevalorado ha agravado una creciente recesión, el desempleo se ha ido por las nubes y hasta el consumo calórico del pueblo trabajador, tanto en el campo como en las ciudades, ha disminuido. Y lo peor aún está por venir. También se ha producido una respuesta: repetidas explosiones sociales, primero en esta ciudad o provincia, luego en aquella y después en otra.[20]

---

20. La crisis argentina alcanzó una nueva etapa en diciembre de 2001. A pesar de muchos años de ataques del gobierno y la patronal contra los empleos, los salarios y las prestaciones sociales, el régimen incumplió en el pago de 100 mil millones de dólares en bonos gubernamentales, cuyos dueños eran principalmente capitalistas en Europa occidental. Se desvinculó al peso del

En México el capital financiero estadounidense presionó al gobierno para que abriera el sistema bancario a la penetración directa y creciente dominación por parte del imperialismo. Ahora que se han eliminado las barreras estatales que dificultaban que los bancos mexicanos tuvieran propietarios extranjeros, Citibank compró Banamex, el segundo grupo bancario del país, a principios del año. Esto significa que entrará más capital imperialista al país,[21] lo cual aumentará la ya agobiante deuda externa y deprimirá más las condiciones de vida y trabajo. En Corea del sur está comenzando un proceso similar con la compra de la Daewoo por la General Motors y demás

---

dólar y el valor del peso se desplomó en un 75 por ciento, con consecuencias devastadoras para el pueblo trabajador y amplias capas de la clase media. Huelgas, manifestaciones y tomas de fábricas a nivel muy amplio provocaron la renuncia de cuatro presidentes entre diciembre de 2001 y enero de 2002. Durante el año siguiente, el crecimiento económico bajó en un 12 por ciento, el desempleo se disparó hasta casi el 25 por ciento y la inflación alcanzó el 40 por ciento. A mediados de 2004 la cifra oficial de desempleo aún se aproximaba al 15 por ciento y cerca de la mitad de los argentinos vivían por debajo del nivel oficial de pobreza, mientras que el capital financiero internacional seguía respaldando a los ricos obligacionistas al rechazar la oferta del gobierno argentino de pagar la deuda incumplida a una tasa de 25 centavos por dólar.

21. Hoy casi el 80 por ciento de los activos de los bancos comerciales en México son propiedad de bancos en Estados Unidos, Europa occidental, Canadá o Japón, entre ellos los cinco principales bancos del país. Esto contrasta con la cifra del 1 por ciento una década atrás, cuando las potencias imperialistas se abrieron paso durante la "crisis del peso" de 1994–95 en México. Ver "Tan lejos de Dios, tan cerca del condado de Orange", en Jack Barnes, *El desorden mundial del capitalismo: política obrera al milenio* (Nueva York: Pathfinder, 2019), págs. 63–72.

adquisiciones imperialistas que vienen en camino. Hoy día se habla poco de los "Tigres de Asia".

B AJO LAS ADMINISTRACIONES de los presidentes William Clinton y George W. Bush, Washington ha venido tratando de imponer lo que denomina el Área de Libre Comercio de las Américas (ALCA) —una metástasis del Tratado de Libre Comercio Norteaméricano (TLC, o NAFTA por sus siglas en inglés)— sobre el resto de América Latina y el Caribe.[22] Esta nueva política yanqui del "Buen Vecino" para el siglo XXI abrirá a los países y pueblos del hemisferio occidental para una mayor penetración y depredación por el capital y mercancías de Estados Unidos. Las condiciones de comercio serán más desiguales, no menos.

En respuesta, el presidente cubano Fidel Castro ha propuesto a los partidos obreros, a las organizaciones populares y a los sindicatos de toda la región que exijan una votación nacional en cada país de Sudamérica, Centroamérica y el Caribe sobre la ratificación de este acuerdo instigado por los imperialistas. ¡Que el pueblo vote sobre el ALCA! Apoyamos esta demanda y explicamos el porqué en nuestra prensa, nuestras campañas electorales y nuestros foros semanales. Lo hacemos al tiempo que explicamos a nuestros compañeros en Cuba y otros países de las Américas por qué en Estados Unidos la campaña que libran los altos funcionarios sindicales y

---

22. Acerca del TLC, ver la sección III, "Viraje histórico en los flujos mundiales del capital", en la presentación de Jack Barnes de 1994, "La marcha del imperialismo hacia el fascismo y la guerra", publicado en el número 4 de *Nueva Internacional* (1995), págs. 331–360 [impresión de 2014].

diversos grupos liberales y radicales tiene un contenido completamente diferente: un contenido reaccionario, chovinista y proimperialista que exponemos y al que nos oponemos de todas las formas posibles.

Mito de la 'sobrepoblación'

Los comunistas en Estados Unidos podremos desarrollar nuestra política y estrategia, fijar nuestras tareas y prioridades y construir un partido proletario revolucionario únicamente si al mismo tiempo trabajamos como parte de un movimiento mundial integrado por pares políticos. Esta perspectiva internacionalista proletaria es lo opuesto de la óptica nacionalista que promueve la burguesía estadounidense y que remedan en distintos grados prácticamente todas las corrientes pequeñoburguesas en el movimiento obrero.

El nacionalismo americano que rechazamos asume una forma especialmente virulenta en la demagogia chovinista de las fuerzas ultraderechistas como las de Patrick Buchanan. Uno de los ejes de la política de Buchanan es el de sonar la alarma de que la población mundial está creciendo explosivamente entre los ya mayoritarios pueblos de piel negra, morena y amarilla del mundo, a la vez que los índices de fertilidad entre los de piel blanca en Europa y Norteamérica están cayendo. Estas tendencias demográficas combinadas con la creciente inmigración a los países industrializados, dice Buchanan, vaticinan el fin de lo que él llama la "civilización y cultura occidentales" y de lo que muchos de sus partidarios abiertamente llaman la "América blanca (cristiana)" o a veces, ante un público un poco más mixto, simplemente el "Occidente".

Desde que el reverendo Thomas Malthus publicó en 1798 su panfleto sobre el peligro de la "sobrepoblación", tanto la derecha como la izquierda de la política burguesa, usando retórica ligeramente diferente, periódicamente han promovido pánicos sobre este tema. En el último medio siglo los liberales han sido las Casandras más enérgicas que advierten sobre la "bomba demográfica".

El aspecto racista de todas esas campañas se percibe hoy a flor de piel: la idea es que las razas oscuras, no solo de África subsahariana sino de Asia y de las Américas, no son del todo humanas, o al menos no están del todo civilizadas. Pero las clases dominantes capitalistas y sus sirvientes entre las capas profesionales enfrentan un dilema irresoluble al plantear las cuestiones entrelazadas de la población y la inmigración mundiales. Las clases acaudaladas desesperadamente necesitan más y más de "ellos" para seguir reconstituyendo el ejército de reserva de desempleados y —según esperan los gobernantes— mantener deprimidos los salarios y las demandas por mejores condiciones de trabajo y de vida que merman profundamente su extracción de plusvalía. Sin embargo, la burguesía, y sobre todo la pequeña burguesía, también temen verse tragadas por un mar de "ellos". Además, los gobernantes y sus propagandistas ahora nos advierten, con tono cada vez más estridente, que la acelerada inmigración de África del Norte, del Medio Oriente y de Asia del sur está plantando "terroristas" en nuestro entorno.

Malcolm X tocó directamente esta fibra sensible hace casi 40 años cuando se burló de la histeria que existía en la opinión pública burguesa sobre la posibilidad de que la República Popular China desarrollara armas nucleares. "Gracias a Dios que no tienen sistemas para lanzarlas" era el único consuelo de los gobernantes norteamericanos. Así que Malcolm metió el dedo en la llaga. Una vez que consigan la bomba, los chinos no van a tener que preocuparse de sistemas de lanzamiento, les replicó. Hay tantos chinos que pueden "¡cargarla a mano!"

El temor de esa imagen de una explosión de población/inmigración está profundamente arraigado en la sicología de la burguesía y de las capas pequeñoburguesas más acomodadas. A menudo va ligado a demandas para que se tomen medidas duras contra los inmigrantes, no con el objetivo de eliminar el flujo necesario de mano de obra barata para explotar, sino de crear un ambiente de intimidación y de amenazas de deportación para "mantenerlos en su lugar". La propaganda sobre la sobrepoblación siempre va acompañada de ansiedades apenas reprimidas, arraigadas en el temor de perder logros mal habidos. Siempre va acompañada de inquietudes sobre los "altos índices de criminalidad" que pueden llegar "hasta mi propio traspatio" al ir creciendo la "subclase". El "sentido común" burgués recalca los "límites del crecimiento", las "presiones insostenibles" sobre el medio ambiente y la biosfera, el "agotamiento" de los recursos naturales, el fin del sostén de la vida: en una frase, un *Armaguedón ecológico*. En pocas palabras, se cae el cielo. Estos son los eufemismos socialmente aceptables que se emplean para disfrazar los terrores más profundos de los liberales privilegiados. Esos prejuicios de clase son mucho más potentes que su "liberalismo".

Esta consecuencia política de las crecientes desigualdades sociales y privilegios de clase es el tema central del libro *The Bell Curve: Intelligence and Class Structure in American Life* (La curva de campana: inteligencia y estructura de clases en la vida americana) por Richard J. Herrnstein y Charles Murray.[23] Como señalan los autores en el pe-

---

23. Ver "La 'curva de campana': el escándalo del privilegio de clase", en "Tan lejos de Dios, tan cerca del condado de Orange", en Barnes, *El desorden mundial del capitalismo: política obrera al milenio*, págs. 204–211 [impresión de 2019].

núltimo capítulo, el "libro de más venta de un profesor bien puede ser una diatriba contra el punitivo sistema de justicia criminal, pero no significa que él no vote con sus pies al mudarse a un barrio más seguro". Al comentar sobre la frase "secesión de los exitosos" acuñada por Robert Reich, secretario del trabajo en la primera administración Clinton, Herrnstein y Murray continúan: "El símbolo actual de este fenómeno es la comunidad cercada, segura tras sus muros y postas de seguridad... O la proliferación de fuerzas de seguridad privadas para compañías, edificios de apartamentos, escuelas, centros comerciales y cualquier otro sitio donde la gente adinerada quiera estar a salvo".[24]

NATURALMENTE, LAS PROPIAS imágenes de pesadilla que evoca Buchanan se basan parcialmente en proyecciones de las actuales tendencias de población. Desde 1950 el porcentaje de la población mundial que vive en los países imperialistas ha bajado del 22 por ciento al 14 por ciento. Y algunos estudios proyectan que la población

---

24. Richard J. Herrnstein y Charles Murray, *The Bell Curve: Intelligence and Class Structure in American Life* (Nueva York: Free Press, 1994), págs. 515, 517. Un estudio de la Oficina del Censo informó en 2001 que casi el 6 por ciento de los hogares en Estados Unidos —unos 7 millones— se encuentra en complejos cercados por muros o vallas. Un libro sobre el tema publicado en 2003 añade que una tercera parte de las nuevas comunidades en California del sur están cercadas y que el 80 por ciento de las casas valoradas en más de 300 mil dólares en Tampa, Florida, están tras portones. El número de personas empleadas por compañías privadas de seguridad en Estados Unidos casi se duplicó entre 1980 y 2000, alcanzando 1.9 millones, según las cifras de la Asociación de la Industria de la Seguridad.

"blanca" de Europa decaerá hasta en un 25 por ciento en los próximos 50 años. Eso no es tan malo como la peste negra de 1348, que redujo la población de Europa entre un tercio y la mitad. ¡Pero no sirve de consuelo para los de la calaña de Buchanan y sus copensadores europeos! Por supuesto que no es cierta la afirmación de que el crecimiento demográfico está haciendo explosión en proporción geométrica en el resto del mundo. De hecho, se está desacelerando, nivelando. Los propagandistas de la "bomba de bebés" hacen caso omiso del hecho que las tasas de natalidad bajan a medida que los trabajadores emigran del campo a la ciudad, a medida que las mujeres acceden a la educación y entran a la fuerza laboral urbana, a medida que sube el nivel de vida y se amplía el acceso a los métodos anticonceptivos modernos.

Dos de los "nuevos ricos" más acaudalados y conocidos de Estados Unidos, Bill Gates de la Microsoft y Warren Buffet de la Berkshire Hathaway, están entre los mayores donantes individuales del mundo a los programas de control poblacional en los países semicoloniales. Y Ted Turner, de la CNN, recientemente donó mil millones de dólares en apoyo a programas de Naciones Unidas destinados a frenar el crecimiento de las poblaciones del mundo, según lo expresó en un momento anterior, para que no "se reproduzcan como una plaga de langostas". Pero sus gestiones caritativas conjuntas se quedan pequeñas frente a las inexorables consecuencias sociales del funcionamiento del capital mismo, que continúa expulsando de la tierra a millones de esclavos rurales de deudas, obligándolos a irse a los pueblos y ciudades. En las zonas urbanas, el "feliz acontecimiento" ya no es el nuevo par de brazos que pronto ha de trabajar en los campos, sino la nueva boca que alimentar ante la busca desesperada de los miembros de la familia de cómo vender su fuerza de trabajo y ganar un salario que les permita vivir. Las mujeres que se ven obligadas por la necesidad a ingresar al mercado laboral urbano ya no pueden atender a sus hijos como lo hacían incluso cuando las familias trabajaban en los campos. Además, en la ciudad se desintegran las unidades extendidas de abuelos, tíos, tías, primos y hermanos. A medida que el capital, en grados diferentes, hace crecer las clases medias en todo el mundo semicolonial, las mujeres que consiguen trabajo, más educación, un mayor grado de igualdad e independencia y mejores condiciones, también —como promedio— paren menos hijos.

Es más, desde principios de los años 90, la devastación social que ha acompañado todas las variantes de las "terapias de choque" capitalistas en los estados obreros de la ex Unión Soviética y Europa oriental —conforme los imperialistas han presionado a los nuevos sectores dominantes de las castas gobernantes para que den rienda suelta al imperio de la ley del valor en la manufactura, el comercio y las finanzas— no solo ha reducido drásticamente la esperanza de vida sino que ha llevado a una fuerte caída de la tasa de natalidad en muchos de estos países.

Así que sencillamente no es cierto que haya un aumento constante en las tasas de fertilidad más allá de los países imperialistas, sin tener en cuenta los cambios en la estructura de clases, las migraciones urbanas y otras profundas transformaciones sociales. En realidad, la tendencia va en sentido opuesto. Hoy día, nueve de los 15 países semicoloniales más grandes tienen tasas de natalidad más bajas que la de Estados Unidos en 1965.

Tomemos el ejemplo de México. Al colindar con Estados Unidos, y por ser el país de donde llega la mayor inmigración a este país, es motivo especial de alarma tanto para Buchanan como para los liberales que vaticinan catástrofes. El hecho es que en México la tasa de natalidad ha bajado, desde casi siete niños por mujer a finales de los años 60 hasta menos de dos niños y medio como promedio en la actualidad. Es un enorme cambio demográfico en el breve lapso de 40 años.

O tomemos el caso de India, el país con la segunda población más grande en el mundo. La tasa de fertilidad allí ha bajado hasta un promedio de tres niños por mujer, de aproximadamente seis en 1950.[25]

No hay leyes abstractas de población

Ninguno de los actuales discípulos de la sobrepoblación añade nada fundamental a los argumentos reaccionarios de Malthus, los cuales fueron rebatidos de la forma más concisa por Carlos Marx en *El capital* hace unos 135 años.[26]

Primero, Marx destruyó el argumento falaz sobre el cual se basaba la posición de Malthus: que el crecimiento de la población inevitablemente va a superar la productividad del trabajo agrícola y llevará a catastróficas escaseces

---

25. Según las cifras de la ONU, la tasa de natalidad en los países semicoloniales de Asia, África y América Latina ha bajado, desde un promedio de 5.4 por mujer en el período 1970–75, hasta una cifra estimada en 2.9 en el primer lustro del siglo XXI: una baja del 46.2 por ciento en 35 años.

26. Una buena selección de escritos de Carlos Marx y Federico Engels, ya agotada, es *Marx and Engels on Malthus* (Marx y Engels sobre Malthus; Nueva York: International Publishers, 1954), editada por Ronald L. Meek. Posteriormente fue reimpresa bajo el título *Marx and Engels on the Population Bomb* (Marx y Engels sobre la bomba demográfica; Berkeley: Ramparts, 1971).

de alimentos y hambrunas. Al contrario, respondió Marx, "la tierra, correctamente tratada, mejora de continuo". Por tanto, la producción de alimentos puede expandirse mucho más rápidamente que la población.[27] El juicio de Marx se ha confirmado con creces. Solo desde 1960, la producción total de granos a nivel mundial aumentó a una tasa 25 por ciento mayor que la tasa de crecimiento de la población durante el mismo período. Sin embargo, como también explicó Marx, el sistema del mercado capitalista ahonda las desigualdades de clase y asegura la propagación de la desnutrición, del hambre y de la inanición en medio de la abundancia: la situación de más de 2 mil millones de personas en la actualidad, según cifras de Naciones Unidas. Eso representa el doble de la población total del mundo en la época de Malthus.

Segundo, Marx explicó que "todo modo de producción histórico particular tiene sus leyes de población particulares, históricamente válidas. Una ley abstracta de población solo rige, mientras el hombre no interfiere históricamente en esos dominios, en el caso de las plantas y los animales". En el capitalismo, dijo Marx, lo que parece ser sobrepoblación es en realidad "un ejército industrial de reserva a disposición del capital" que ayuda a la clase capitalista a mantener bajas las tasas de salarios y que es "para las variables necesidades de [ganancias] del capital, el material humano explotable y siempre disponible". "La población obrera, pues, con la acumulación de capital producida por ella misma, produce en volumen creciente los medios que permiten convertirla en relativamente supernumeraria", escribió, y lo hace a un grado que siempre va creciendo. "Esta es una ley de población

---

27. Carlos Marx, *El capital* (México: Siglo XXI Editores, 1981), tomo III, vol. 8, pág. 993.

que es peculiar al modo de producción capitalista…"[28]

En la época imperialista, este ejército industrial de reserva crecientemente asume dimensiones de carácter mundial, a medida que los trabajadores expulsados de la tierra, quienes huyen de tugurios miserables por toda Asia, África y América Latina, emigran con la esperanza de encontrar un salario de subsistencia en los países capitalistas industrializados de Norteamérica, Europa, Australia, Nueva Zelanda y —hoy más y más— hasta Japón.

Las exageraciones maltusianas de que al mundo se le están agotando los alimentos van a la par de proyecciones de que otros recursos también se están extinguiendo por "las presiones poblacionales". Estos pronósticos van siempre acompañados de justificaciones de por qué los trabajadores y campesinos en todo el mundo debemos apretarnos el cinturón para el bien de las "generaciones futuras": en la práctica, para el bien de las *actuales generaciones* de un puñado de acaudaladas familias gobernantes y de las privilegiadas clases medias altas. Un conocido defensor de esta posición una vez lo planteó así: "Darle energía barata y abundante a la sociedad sería el equivalente de darle a un niño idiota una ametralladora". La cita es de Paul Ehrlich, quien escribió un libro de gran venta en 1968 titulado *The Population Bomb* (La bomba demográfica). Unos años más tarde, Ehrlich, un liberal, escribió otro libro en el cual argumentaba que el mundo estaba acechado por una creciente escasez de recursos naturales esenciales.

En 1980 un economista conservador llamado Julian Simon desafió a Ehrlich a hacer una apuesta. Si Ehrlich tenía razón sobre la creciente escasez, entonces los precios de estas mercancías subirían con el tiempo, a me-

---

28. Carlos Marx, *El capital*, tomo I, vol. 3, págs. 785–86.

dida que la demanda superara la oferta. Así que Simon le propuso a Ehrlich: voy a comprar una cantidad de cinco metales por valor de 200 dólares cada uno: estaño, tungsteno, cobre, níquel y cromo. Si el precio combinado de estos cinco metales resultaba más alto 10 años después, entonces Simon le pagaría a Ehrlich la diferencia. Si resultaba más bajo, Ehrlich le pagaría a Simon. En 1990 los precios de los cinco metales habían bajado y Ehrlich le envió a Simon un cheque por 576 dólares.

PARA LOS MARXISTAS —en realidad, cualquiera que se tomara la molestia de examinar objetivamente los 250 años de historia del capitalismo industrial— la apuesta no habría requerido pensarlo mucho. El hecho es que, a pesar de las tendencias a corto y mediano plazo, los precios de todos estos recursos han descendido históricamente bajo el capitalismo y seguirán descendiendo.

La escasez no tiene absolutamente nada que ver con el hecho que hoy día más de una tercera parte de la humanidad no tiene acceso a la electricidad, o que se acuesta sin alimentación suficiente, o que no tiene acceso al agua potable. Esas son cuestiones *sociales*, cuestiones de *clase*, cuestiones *políticas*: cuestiones de la distribución capitalista de los ingresos y su continua reproducción.

Y estos problemas son de suma importancia para los comunistas que vivimos y luchamos hoy en un mundo donde se siguen engrosando las filas de la clase trabajadora en términos absolutos y relativos, y sigue aumentando su peso social y político. Son de suma importancia en un mundo donde, cada década que transcurre, la alianza de los trabajadores y campesinos no solo es una necesidad más urgente sino que objetivamente es más realizable. Son de suma importancia en un mundo donde, por su

"Una alianza de trabajadores y campesinos no solo es una necesidad más y más urgente en el mundo actual, sino que objetivamente es más realizable".

Agricultores en todo el mundo capitalista se ven estrujados entre insumos caros y precios bajos para sus productos. **ARRIBA:** Protesta por agricultores en Ontario, Canadá, exige ayuda en efectivo y asistencia gubernamental, enero de 2001. **ABAJO:** Agricultores y trabajadores de Estados Unidos intercambian experiencias con agricultores cubanos en cooperativa de créditos y servicios, 2000.

propio funcionamiento, el capitalismo está atrayendo a decenas de millones de trabajadores que cruzan océanos, continentes y fronteras para ir a Estados Unidos y otros países imperialistas.

Lo que hará un gobierno de trabajadores y agricultores

Cada uno de nosotros probablemente ha tenido la experiencia de que lee algo dos o tres veces, o hasta más veces, y de pronto nota algo que nunca antes habíamos leído de esa misma manera. Una frase que resalta por alguna experiencia que hemos tenido en la lucha de clases o alguna cuestión política con la que venimos bregando. Hace poco, al volver a leer la Constitución del Partido Socialista de los Trabajadores, me llamó la atención el segundo párrafo del Artículo II: "El objetivo del partido será el de educar y organizar a la clase obrera a fin de establecer un gobierno de trabajadores y agricultores, que abolirá el capitalismo en Estados Unidos *y se unirá a la lucha mundial por el socialismo*".

La declaración de objetivos comienza con el esfuerzo revolucionario de organizar a la clase trabajadora y a nuestros aliados para establecer un gobierno de trabajadores y agricultores aquí, en Estados Unidos. Eso es ante todo un problema práctico y "americano". Porque éste es el estado, es el poder armado al que la vanguardia de masas de la clase trabajadora tiene que ser dirigida para enfrentar y derrotar. Tenemos que hacer una revolución dentro de estas fronteras, dentro de los 50 estados donde el dólar es la moneda que, para bien o para mal, rige suprema.

Sin embargo, como deja patente la segunda parte de nuestra declaración de objetivos, no abrigamos ilusión alguna de que, cuando los trabajadores y agricultores de Estados Unidos conquisten el poder, el socialismo se pueda construir en *este* país solo, como tampoco se podría hacer en ningún otro país solo. O que esta fuerza liberadora pueda defenderse de adversarios en el exterior simplemente al atrincherarse y "construir el socialismo". Lo que habrá cambiado es que el pueblo trabajador de Estados Unidos se podrá unir a la lucha mundial por el socialismo con un instrumento nuevo y poderoso: el instrumento más poderoso que los trabajadores pueden esgrimir, un gobierno de trabajadores y agricultores. Ese gobierno revolucionario no solo será la antesala a la dictadura del proletariado en este país, sino a una etapa completamente nueva en la revolución *mundial*. De lo contrario será derrocado y a los trabajadores y agricultores se les impondrá una reacción terrible.

He leído el Artículo II de la constitución del partido en ocasiones anteriores. Pero no fue sino hasta que lo volví a leer hace poco que me impresionó lo bien que nos ayuda a entender el punto de partida del internacionalismo proletario para los comunistas en Estados Unidos: la conquista del poder —arrebatárselo a los asesinos gobernantes imperialistas de este país— es la contribución más grande que los trabajadores y agricultores en Estados Unidos pueden y van a hacer a la lucha mundial por el socialismo. Sin embargo, a pesar de toda la organización, disciplina, músculos, huesos y sangre que se precisarán para lograr esa meta, el triunfo de la revolución socialista en este país planteará entonces una nueva serie de tareas políticas aún más difíciles, más esenciales y más gratas al impulsar la marcha de la humanidad.

El establecimiento de la dictadura del proletariado no traerá el socialismo. Creará las condiciones en las cuales la clase trabajadora podrá empezar a dar pasos cada vez más grandes hacia el control obrero de la industria a la vez que da los primeros pasos hacia la gestión de la industria y la planificación económica. Condiciones en que los agricultores, al dejar de estar amenazados por la venta forzosa de la tierra que trabajan, podrán empezar —con la ayuda de los trabajadores de las ciudades— a revolucionar la producción agrícola en interés de la humanidad hoy y mañana (y a enseñarle una que otra cosa a la población urbana, enriqueciendo nuestra vida y ampliando nuestra cultura). En que los negros se podrán organizar bajo los auspicios del nuevo poder estatal para dar rápidos pasos de gigante con miras a librar las relaciones sociales de todo vestigio de prejuicios y discriminación racistas. En que las mujeres, junto a aliados poderosos, podrán organizarse para impulsar la lucha por su plena emancipación del legado opresor heredado de los milenios de la sociedad de clases. Y condiciones en que todo el peso de la nueva república de trabajadores y agricultores en Estados Unidos se hará sentir para impulsar cada lucha por la liberación nacional y por el socialismo que se esté llevando a cabo en cualquier parte del mundo.

Ésa es la perspectiva, ése es el programa mundial al que reclutamos trabajadores, agricultores y jóvenes en este país. Ellos se unen a la Juventud Socialista y al Partido Socialista de los Trabajadores no solo porque se ven atraídos a la perspectiva de una revolución que promete poner en el orden del día la eliminación rápida y total de estas formas de opresión profundamente arraigadas, sino porque quieren ser parte de las luchas, a nivel mundial, de las cuales surgirá algo digno del nombre socialismo.

Pautas cambiantes de resistencia

Durante 85 años la población de Nebraska disminuyó con cada década. Se bromeaba diciendo que la principal exportación de Nebraska era la gente. Luego, a mediados de los 90, las cifras se invirtieron repentinamente.

Hoy, uno de cada 10 niños en Nebraska tiene padres de México o de Centroamérica.

Hace unos días, unos compañeros de California fueron a visitar a unos 40 trabajadores en el valle de Salinas: todos eran oriundos no simplemente de México, sino del estado mexicano de Oaxaca. Habíamos hecho contacto con ellos a través de otro trabajador de Oaxaca que habitualmente participa en actividades con compañeros de la rama del partido en Atlanta. Resultó que un buen número de estos trabajadores habían ido a la reunión con la esperanza de que pudiéramos hacer algo para ayudarlos a resolver diversos problemas de inmigración. Los compañeros les dijeron a los trabajadores que al respecto era mejor que hablaran con personas que conocen los pormenores de las leyes y los procedimientos de inmigración. Les dijimos que éramos trabajadores y comunistas que habíamos llegado para sostener una discusión política a sugerencia de varios de ellos, con quienes habíamos trabajado anteriormente, y de su amigo en Georgia.

Algunos estrecharon la mano y se fueron. Pero una veintena de trabajadores se quedaron, así que empezamos la discusión. Los compañeros habían llegado preparados para traducir del español al inglés y viceversa. Pero uno de los organizadores de la reunión cortésmente les pidió a nuestros traductores que hablaran más despacio, ya que todo se tenía que traducir *dos veces*: del inglés al español y después del español a dos lenguas indígenas diferentes, y de vuelta al inglés.

Es una historia que subraya un hecho político que estamos aprendiendo y reaprendiendo en muchos talleres de costura y empacadoras de carne donde trabajamos, y en el trabajo de solidaridad con huelgas y otras luchas sociales en las que estamos envueltos: si bien aprender español es importante para los trabajadores-bolcheviques (ahora lo estamos volviendo a hacer un poco más consecuentemente, a la vez que ayudamos a trabajadores que reclutamos que no se sienten muy cómodos en inglés a que lo aprendan), los trabajadores que participan en luchas como iguales pueden encontrar y sí encuentran las formas de comunicarse entre sí.

EL PARTIDO SE ESTÁ INTEGRANDO más a la clase trabajadora tal como existe y a la resistencia obrera que está transformando las posibilidades de construir un partido proletario. Por ejemplo, estamos en medio de la lucha que organizan grupos pro derechos de inmigrantes en varios estados para exigir que se revoque el requisito de incluir el número de Seguro Social en las licencias de conducir. Somos prácticamente los únicos que explican lo que está en juego para todos los trabajadores, para todo el movimiento obrero en Estados Unidos, y llamamos a los sindicatos a que apoyen esta lucha con toda su fuerza. Estas nuevas leyes estatales —que les dificultan más a los trabajadores indocumentados obtener la licencia de conducir y tener un empleo, y aumentan su vulnerabilidad al acoso y a la deportación— son al mismo tiempo otro paso hacia la imposición de un sistema nacional de tarjetas de identificación a toda la población de Estados Unidos.

Pero debemos estar claros. El movimiento comunista no tiene una orientación hacia los trabajadores inmigrantes. Tenemos una orientación hacia la vanguardia de la clase trabajadora, hacia la vanguardia del movimiento obrero, hacia la vanguardia que participa en luchas sindicales, sociales y políticas en defensa de los trabajadores y agricultores contra la clase patronal, su gobierno y sus partidos políticos. Nos unimos a este sinnúmero de luchas y encontramos tantas maneras como podemos de presentar y discutir un programa revolucionario en interés de la clase trabajadora. Al hacerlo nos topamos con muchos trabajadores inmigrantes. Sin embargo, estamos muy conscientes de que la inmensa mayoría de los trabajadores en este país, entre ellos muchos que forman parte de la nueva vanguardia que está surgiendo, no son inmigrantes recién llegados. Algunas de nuestras mayores ventas de suscripciones al *Militant* en los últimos meses, por ejemplo, han sido a mineros del carbón en Pennsylvania, Colorado, Wyoming y Nuevo México, trabajadores predominantemente nacidos en Estados Unidos cuya primera lengua es el inglés. Hemos tenido buenas ventas del *Militant* y de otras publicaciones entre las familias de los mineros del uranio en el Oeste, quienes luchan por seguro médico e indemnización ante las devastadoras consecuencias de la negligencia de los patrones de las minas hacia la vida, seguridad y salud de los trabajadores.

Todo esto forma parte de una sola realidad de clase, en tanto se continúan acumulando pruebas de que se ha producido un cambio marino en las pautas de resistencia del pueblo trabajador: la negativa a simplemente permitir que los patrones y su gobierno los echen atrás, una tendencia a buscar contactos con otros que resisten los ataques de los gobernantes. Si seguimos las líneas de resistencia que existen entre el pueblo trabajador en la ciudad y el campo —y si actuamos a tono con la lógica de la política y estamos dispuestos a adaptar nuestras formas consecuentemente para maximizar nuestra respuesta a la amplitud de estas oportunidades— entonces nuestro curso de acción nos llevará más profundamente al seno de los movimientos sociales embrionarios de nuestra clase y sus aliados. Nos llevará más al seno de los sindicatos y de la lucha por transformarlos en organizaciones proletarias combativas que piensen en términos sociales y actúen en términos políticos.

El presente como historia

Una parte integral de nuestra respuesta al cambio marino en la política obrera ha sido la iniciativa que han tomado los compañeros en las ramas del partido de Atlanta y Washington para profundizar nuestro trabajo con los agricultores que son negros, quienes luchan contra las ejecuciones hipotecarias de sus tierras y contra toda forma de discriminación racista que han enfrentado a manos de las agencias agrícolas federales y al tratar de conseguir créditos asequibles. Estos compañeros también nos han estado instando a que tomemos en serio la *historia* de estas luchas actuales, el lugar que ocupan en una continuidad ininterrumpida que se remonta a la Guerra Civil de Estados Unidos —la Segunda Revolución Norteamericana— y sobre todo las décadas posteriores a esa guerra en el campo, en los pueblos y en las ciudades de todo el Sur.

Muchos de estos agricultores están luchando para poder seguir cultivando la tierra que sus parientes han cultivado durante generaciones. Para que una familia negra en el Sur de Estados Unidos haya retenido la tierra por tanto tiempo, significa que las generaciones anteriores resistieron y sobrevivieron el terror de turbas linchadoras de jinetes nocturnos organizados que promovían la supremacía blanca. Este terror continuó y en muchos casos se aceleró tras la derrota de la Reconstrucción Radical posterior a la Guerra Civil. Esto se asemejó más a la violencia fascista en amplia escala, y por un período prolongado, que cualquier otro fenómeno jamás visto en este país.

En la década después de la derrota de la esclavocracia en 1865, la ascendente burguesía industrial del Norte —que ahora restablecía sus lazos con los poderosos intereses terratenientes y comerciales así como intereses manufactureros emergentes por todo el Sur— resolvió de una vez por todas que no tenía la menor intención de satisfacer las aspiraciones de los esclavos liberados a favor de una reforma agraria radical, la cual se expresaba en la consigna "40 acres y una mula". Primero que nada, dicha medida habría privado a estos explotadores de una fuente barata de trabajadores desempleados. Más aún, la burguesía temía, con razón, que una alianza de agricultores libres, negros y blancos, junto con la creciente clase obrera industrial en las ciudades, podría significar un serio desafío a la explotación intensificada en las ciudades y el campo, tanto en el Sur como en el Norte.

Así que en 1877, los gobernantes de Estados Unidos retiraron las tropas federales de los estados de la antigua Confederación. Estos soldados habían sido la fuerza armada que separaba a los trabajadores negros emancipados, por un lado, de las reaccionarias bandas armadas extralegales, por el otro. En las últimas décadas del siglo XIX y bien entrado el siglo XX, generaciones sucesivas de organizaciones como los Caballeros de la Camelia Blanca, el Ku Klux Klan, los Consejos de Ciudadanos Blancos y muchas más —con nombre o anónimas— llevaron a cabo un implacable reino de terror contra la población negra en el Sur.

E STA VIOLENCIA SISTEMÁTICA les ayudó a los capitalistas a someter a los trabajadores que eran negros a condiciones prácticamente de servidumbre como aparceros y arrendatarios y permitió la imposición del sistema *Jim*

Crow de segregación racial en un estado sureño tras otro. Estas bandas también se organizaron para doblegar a todo trabajador o agricultor con conciencia de clase que no fuera negro en cualquier parte del Sur —los tachaban de *"nigger lovers"* ("ama-niches")— e impedir que se juntara con trabajadores que eran negros en luchas comunes por la tierra, educación pública, tarifas ferrocarrileras y créditos baratos, derechos sindicales o cualquier otra cosa que beneficiara los intereses de los oprimidos y explotados.

Algunos de ustedes ya habrán visto la exposición de fotos de linchamientos que se ha presentado en Nueva York este año y que viajará a otras ciudades. Si no, se la recomiendo.[29] Muchas de estas fotos en realidad son tarjetas postales de estas atrocidades, hechas por los organizadores de las turbas linchadoras y distribuidas ampliamente para popularizar y legitimar los linchamientos como una "actividad familiar" —sí, una actividad familiar— y tratar de limitar la resistencia de los negros por todo el Sur. Las fotos son un recordatorio impactante de la historia que hemos venido discutiendo aquí. El texto que lo acompaña y otros materiales expositivos señalan que la decisión de robarles tierras a los agricultores negros muchas veces precipitaba los linchamientos.

Al trabajar junto a agricultores que luchan por permanecer en la tierra, debemos conocer esta historia: nuestra historia. La tierra no es simplemente una forma de ga-

---

29. La exposición, "Sin santuario: Fotografías y postales de linchamientos en Estados Unidos", recorrió Estados Unidos hasta mediados de 2004. Ver también, James Allen y otros, *Without Sanctuary: Lynching Photography in America* (Sin santuario: fotografías de linchamientos en Estados Unidos; Santa Fe, Nuevo México: Twin Palms, 2000).

narse la vida. Tampoco es simplemente un símbolo. La actual resistencia es a menudo un eslabón en las batallas que se remontan más de un siglo y cuarto atrás. Junto con las luchas de trabajadores y del movimiento obrero, estas recias batallas que libraron generaciones de granjeros ayudaron a frenar algunas de las consecuencias más reaccionarias de la derrota de la Reconstrucción Radical que habrían echado atrás —mucho más de lo que lo sucedió— las luchas del pueblo trabajador en Estados Unidos. Y contribuyeron a hacer posible una nueva ola de luchas, décadas más tarde, que para final de los años 60 tumbaron el sistema de segregación Jim Crow.

L<small>AS BATALLAS PRO DERECHOS CIVILES</small> de los años 50, 60 y 70 en condados rurales, pueblos pequeños y ciudades por todo el Sur, a su vez, ayudaron a transformar las posibilidades tanto para los trabajadores como para los agricultores por todo este país y en otras partes del mundo que son objeto de los ataques de Washington. Entre otras cosas, las conquistas de este movimiento proletario de masas sentaron las bases para una lucha común y reivindicaciones comunes junto a los pequeños agricultores en Estados Unidos hoy día, como parte de una alianza de trabajadores y agricultores para resistir la trayectoria de la clase capitalista impelida por las ganancias. Ese movimiento atrajo, politizó e infundió de valor a varias generaciones de jóvenes que brindarían la energía para las luchas contra la Guerra de Vietnam, por los derechos democráticos, por la emancipación de la mujer y para una radicalización política en este país.

Los resultados de la historia se mantendrán vivos mientras las cuestiones de clase planteadas por gigantescos conflictos políticos y sociales continúen sin resolverse y

Nuestra política empieza con el mundo 71

las verdaderas lecciones de clase se vuelvan un arma en manos de los militantes de hoy. Las plenas consecuencias de la derrota de la Reconstrucción Radical, por ejemplo, se desarraigarán únicamente después del triunfo de una revolución proletaria en este país. Por eso las luchas en torno a si los gobiernos estatales despliegan o no la bandera de batalla de la Confederación, o en torno a monumentos o días feriados en honor a dirigentes políticos o militares de la rebelión de los esclavistas, siguen incidiendo en la lucha de clases muchas décadas después: en efecto, casi siglo y medio después.

La esencia de estas luchas en Carolina del Sur, Mississippi y otros estados no es que los negros y los partidarios de los derechos civiles estén tratando mal a alguien en el Sur cuyo bisabuelo fue un soldado confederado que "luchó con valentía" y era "un hombre bueno".[30] Muchos

---

30. El 17 de enero de 2000, unas 50 mil personas marcharon en Columbia, capital de Carolina del Sur, para exigir que se arriara del capitolio estatal la bandera de batalla de la Confederación. En 1962 la legislatura estatal, compuesta exclusivamente de blancos, había izado esa bandera en señal de apoyo a la segregación Jim Crow y de aliento a los ataques contra el movimiento por los derechos de los negros que iba en ascenso. En julio de 2000, por voto de la legislatura estatal, la bandera confederada fue arriada y trasladada a un asta en los terrenos del capitolio al lado de un monumento a los soldados confederados caídos. Entre los organizadores de esta campaña en Carolina del Sur había miembros del Local 1422 de la Asociación Internacional de Estibadores (ILA) en Charleston. Tres días después de la marcha del 17 de enero de 2000, unos 600 policías con equipo antimotines agredieron en los muelles a piquetes de la ILA que protestaban porque una empresa naviera utilizaba mano de obra esquirol. Varios sindicalistas resultaron heridos, ocho fueron arrestados y cinco fueron instruidos de cargos de delito grave, acusados de instigar un disturbio. Un mes antes de la conferencia donde se

soldados confederados lucharon con valentía y eran hombres buenos; en su gran mayoría eran hijos de trabajadores y agricultores, como la mayoría de los soldados en cualquier ejército moderno. ¿Qué tiene que ver con el sanguinario significado político del estandarte de guerra del ejército de la Confederación, un ejército derrotado y aplastado para siempre hace 136 años? Cuando se despliega hoy, esa bandera es emblema y aliento para las fuerzas reaccionarias que están empeñadas en preservar cuanto puedan de las consecuencias de una sangrienta contrarrevolución que definió el curso de la lucha de clases en Estados Unidos en el siglo XX: fuerzas que están actuando en base a esa decisión. Es un símbolo de la lucha de los enemigos mortales del movimiento obrero para echar atrás los logros del movimiento pro derechos civiles y para dividir y debilitar a la clase trabajadora en este país. Es el estandarte bajo el cual, hace apenas unos años, se lanzaban ataques brutales y sangrientos contra los negros. Y, lo más importante, sigue siendo una bandera bajo la cual estos ataques racistas a menudo se están lanzando y se van a lanzar, hasta que las raíces capitalistas de ese trapo de Dixie sean arrancadas

---

presentó la charla aquí publicada, 5 mil sindicalistas y sus partidarios —entre ellos trabajadores enfrascados en otras huelgas y luchas obreras— marcharon y se concentraron en Columbia para exigir "¡Libertad para los Cinco de Charleston!" En noviembre de 2001, la fiscalía retiró los cargos fabricados de delito grave y los remplazó con cargos de delito menor; los estibadores optaron por no disputar los cargos, recibiendo una multa de 100 dólares cada uno.

En abril de 2001, fue aprobada una propuesta para mantener la bandera estatal de Mississippi, en la que aparece el estandarte de batalla confederado, por un margen de 2 a 1 en un referéndum a nivel estatal.

por el pueblo trabajador de este país y remplazadas por la dictadura del proletariado.

Los trabajadores y agricultores con conciencia de clase siempre tratamos de actuar en el presente como parte de la historia. No abordamos el presente simplemente como un momento. No abordamos los fenómenos sociales y la actividad política como una colección de fotos instantáneas que se miran una por una por una. Eso significaría ceder al pragmatismo inculcado en la conciencia del pueblo trabajador por el propio funcionamiento e historia del sistema capitalista en Estados Unidos, pragmatismo que guía el funcionamiento de la burguesía misma. Lo último que se espera que los trabajadores y agricultores hagamos en este país es pensar en términos históricos —contradictorios y complejos—, ni hablar de tomar acción a partir de este entendimiento. La única historia que supuestamente debemos conocer y creer puede resumirse así: "Estados Unidos es la tierra de las oportunidades. Si trabajas duro y no te metes en líos, podrás salir adelante y tal vez algún día podrás poner un negocio y contratar tú mismo a unos trabajadores". Eso es todo.

A MENUDO PARTICIPAMOS en batallas que datan de varias generaciones, ya sea una lucha de agricultores negros, una lucha de mineros del carbón o del uranio para defender derechos sindicales y beneficios médicos —financiados por el gobierno— que conquistaron en arduas luchas, o batallas en plantas textiles o empacadoras que han durado décadas. Siempre que nos encontramos en medio de tales batallas, debemos sentir un placer especial de estas experiencias y extraerles todo lo que podamos. Entre otras razones, el hecho de conocer esa historia viva puede ser una fuente de humildad proletaria, así como un recordatorio de nuestra responsabilidad. Porque nos ayuda —a trabajadores como nosotros y a otros más— a entender que las acciones individuales no sirven de mucho a menos que formen parte de un trabajo sostenido, disciplinado y colectivo a lo largo del tiempo. Y que la irresponsabilidad o la indisciplina de hoy resulta en el derramamiento innecesario de sangre que ya se había derramado. Lo cual es un delito mayor.

Renovación del movimiento comunista mundial

Por primera vez desde finales de los años 20, en el movimiento comunista tenemos la oportunidad de afrontar nuestras obligaciones y responsabilidades internacionales en un mundo en que nuestros esfuerzos ya no están obstruidos por la enorme fuerza de los aparatos estalinistas mundiales y la confusión muy generalizada del comunismo con el estalinismo. Esto presenta nuevas oportunidades políticas, cuya envergadura solo podremos apreciar con el tiempo y a través de la acción.

Fue solo con el triunfo de los bolcheviques en octubre de 1917 que el mundo en su conjunto se convirtió en un campo para que los comunistas pudieran realizar trabajo práctico de organización partidista. Con esa victoria, la construcción de partidos comunistas comenzó a plantearse en un país tras otro, en todas partes del mundo. La tarea consistía en reclutar cuadros y forjar las direcciones de partidos proletarios capaces de organizar a los trabajadores y agricultores para que siguieran el ejemplo de los bolcheviques. Los trabajadores y agricultores con más conciencia de clase, los más abnegados y políticamente competentes fueron captados a las secciones nacionales de la Internacional Comunista, tanto en los países imperialistas como en las naciones oprimidas que luchaban por su liberación de la dominación imperialista. Los jóvenes de disposición revolucionaria de todas las procedencias se veían atraídos políticamente al camino proletario abnegado. Inspirados por la intransigencia política y el espíritu de sacrificio de los trabajadores y campesinos dirigidos por los bolcheviques en la joven república soviética, fueron captados a la perspectiva de difundir su ejemplo y emular sus acciones a nivel mundial.

No obstante, la guerra civil que los derrotados capitalistas y latifundistas, respaldados por los ejércitos imperialistas, desataron durante tres años cobró un enorme saldo entre la vanguardia de la clase obrera, como también entre el pueblo trabajador de la ciudad y del campo en toda la joven república soviética. Esta situación de muerte y destrucción coincidió con la derrota de las revoluciones en Alemania y Hungría, así como con la supresión de una ola prerrevolucionaria de tomas de fábricas en Italia. Para mediados de los años 20, tras la muerte de Lenin, tanto el partido como el estado en la Unión Soviética y la dirección de la Internacional Comunista habían comenzado a caer bajo la dominación de una casta social privilegiada que se iba expandiendo, proceso que se consolidó para finales de esa década. La cúpula estalinista fue persiguiendo más y más una política contrarrevolucionaria que subordinaba las luchas de los trabajadores y campesinos, tanto dentro como fuera del país, para proteger los privilegios relativos de la casta burocrática, mientras subordinaba las necesidades revolucionarias del pueblo trabajador a las metas nacionales cada vez más estrechas de la diplomacia rusa. Se volvió en contra de los que luchaban por mantener la trayectoria internacionalista proletaria de Lenin y los bolcheviques, hizo que los más débiles y vulnerables abandonaran la política revolucionaria, y durante los años 30 desató una campaña de terror con procesos de depuración, ejecuciones, campos de trabajo forzoso y asesinatos que diezmaron a las fuerzas proletarias de vanguardia.

Bajo la dominación estalinista, la dirección de la Internacional Comunista se convirtió, según las palabras de León Trotsky, en organizadora de derrotas —en China, Alemania, Francia, España y otros países— y en una máquina asesina internacional. Fuera de la Unión Soviética, las víctimas de la policía secreta de Stalin fueron, ante todo, la vanguardia comunista de las luchas obreras, campesinas y de liberación nacional alrededor del mundo.

Sin embargo, durante todo este período los partidos de la Internacional Comunista continuaron atrayendo y captando a la gran mayoría de los luchadores más aguerridos entre el pueblo trabajador y los oprimidos a nivel mundial. El movimiento revolucionario internacional habría sufrido un golpe mucho menos terrible si los estalinistas hubiesen rechazado abiertamente el marxismo, dejado de llamarse comunistas y dejado de identificarse con Lenin, con su trayectoria y con la defensa de las conquistas de la Revolución de Octubre. Pero no es lo que pasó. La casta burocrática "atemorizó a la vanguardia revolucionaria, pisoteó el marxismo, prostituyó al Partido Bolchevique", como dijera Trotsky en 1937.[31]

LOS ESTALINISTAS NO SOLO siguieron siendo la cúpula del estado obrero y del partido en la Unión Soviética, sino que fingieron ser los auténticos portadores del bolchevismo. Necesitaban esta fachada, ya que no podían afirmar lo que

---

31. León Trotsky, "Stalinism and Bolshevism" (Estalinismo y bolchevismo), en *Writings of Leon Trotsky (1936–37)* (Escritos de León Trotsky, 1936–37; Nueva York: Pathfinder, 1978), pág. 537 [impresión de 2021].

eran realmente: una burocracia parásita, un obstáculo innecesario al avance de la productividad del trabajo tanto en la ciudad como en el campo de la Unión Soviética, traidores de las fuerzas revolucionarias en el exterior siempre que le resultara conveniente a sus estrechos intereses nacionales y diplomáticos, instrumento internacional de matonería contra sus rivales comunistas, una ideología y un aparato sin función histórica necesaria.

Los trabajadores, agricultores y jóvenes de disposición revolucionaria que se veían atraídos por el marxismo y buscaban un partido que les ayudara a luchar mejor continuaron afiliándose a tropel a los Partidos Comunistas a fines de los años 20 y en los 30. Solo un puñado relativo de cuadros del PC tales como Jim Cannon y otros más trazaron un camino proletario, independiente de las necesidades del aparato estalinista en Moscú y en el exterior, para continuar la trayectoria de Lenin. Esa es la fuente de la continuidad comunista del Partido Socialista de los Trabajadores: desde Marx y Engels hasta el movimiento bolchevique en la época de Lenin, hasta el día de hoy.

Algunos miembros de los PC abandonaron esos partidos a finales de los años 20 y 30, desmoralizados; o bien se retiraron de la actividad política o se encaminaron hacia el sindicalismo burgués o la política burguesa de una u otra especie. Sin embargo, muchos permanecieron en las organizaciones estalinistas por distintos períodos de tiempo e intentaron justificar cada nuevo crimen o traición cuando ocurría. No podían verse en el espejo y reconocer lo que le había pasado al movimiento en torno al cual habían organizado su vida a fin de construirlo y promoverlo. Y ni ellos ni sus hijos podrán hacerlo jamás.

Espero que los conferencistas aprovechen la oportunidad de ver la película *Terroristas jubilados*, que se mostrará varias veces durante la conferencia. Narra la historia de varios inmigrantes comunistas oriundos de Europa oriental, en su mayoría judíos, quienes formaron parte del movimiento de resistencia antifascista en París durante la Segunda Guerra Mundial. Una de las cosas que se debe observar en la película —y si prestan mucha atención les llamarán la atención muchos otros elementos reveladores sobre el estalinismo— son los recuentos que hacen estos trabajadores (quienes, a propósito, en su mayoría eran obreros de la costura) de cómo trataron de justificar todo tipo de cosas que les sucedían a ellos y a todo su alrededor, y cuyas implicaciones temían encarar. Cómo en un principio intentaron hacerse de la vista gorda hasta con la traición nacionalista de los maldirigentes estalinistas de la resistencia francesa que no movieron ni un dedo durante la guerra para proteger a estos cuadros nacidos en el extranjero, y que después rehusaron reconocer sus aportes y sacrificios. Muchas décadas después, algunos de estos trabajadores —ya todos tenían 60 ó 70 y pico de años— todavía buscaban en lo recóndito de su mente una forma de justificar estos acontecimientos, de justificar su propia vida política.

A consecuencia de lo que he venido describiendo aquí, varias generaciones de trabajadores de disposición revolucionaria quedaron destruidas políticamente por el movimiento estalinista. Ellos quedaron destruidos como proletarios revolucionarios y no pudieron ser captados al comunismo. Y su "continuidad" —basada en última instancia en la fuerza impuesta desde Moscú o Beijing, y no en un programa proletario— hoy se está desvaneciendo en la oscuridad.

Lo que se inició con la Revolución Cubana

Durante el lustro que siguió a la Segunda Guerra Mundial, las revoluciones de trabajadores y campesinos en

China, Corea, Vietnam, Yugoslavia y Albania, junto con el derrocamiento de las relaciones sociales capitalistas en otros países de Europa oriental y central, comenzaron a limitar hasta cierto grado las posibilidades de Moscú y de los partidos que se le subordinaban de seguir actuando como habían hecho durante las dos décadas anteriores. El carácter monolítico del estalinismo mundial comenzó a quebrantarse. Sin embargo, estos conflictos agudos y a veces violentos entre "comunismos nacionales" rivales no representaron un avance para la construcción de un movimiento proletario revolucionario, no obstante las ilusiones iniciales y los esfuerzos que se brindaron en defensa de las revoluciones yugoslava, china y vietnamita.

Sin embargo, hubo un cambio fundamental con el triunfo de la Revolución Cubana en enero de 1959. Hemos hablado y escrito muchas veces sobre el significado de esa revolución, pero permítanme hoy planteárlo desde un ángulo específico. Es decir, la victoria en Cuba llegó en momentos en que el estado obrero soviético todavía era suficientemente fuerte como para brindar una considerable ayuda militar y económica a un gobierno revolucionario que era enemigo de Washington, en tanto Moscú juzgaba que esto le convenía en términos diplomáticos. Al mismo tiempo, la revolución triunfó en un momento en que el movimiento estalinista mundial se había debilitado a tal grado que su máquina asesina ya no podía responder a las amenazas a su dominación —por parte de los que mantenían una orientación internacionalista proletaria— organizando la eliminación de Fidel Castro, Raúl Castro, Che Guevara y otros dirigentes centrales del Movimiento 26 de Julio, del Ejército Rebelde y de las fuerzas directamente vinculadas a ellos. Los estalinistas no pudieron hacer en Cuba lo que antes habían hecho tan a menudo, y que lograrían hacer nuevamente dos décadas más tarde cuando asesinaron a Maurice Bishop y destruyeron la revolución granadina. El movimiento estalinista era demasiado débil y la dirección revolucionaria de Cuba demasiado capaz.

No es que los estalinistas no lo hayan intentado. Sí lo intentaron. Hicieron sus movidas en los primeros años de la Revolución Cubana: en 1962 y de nuevo en 1968. Pero la facción en torno a Aníbal Escalante —uno de los dirigentes centrales del viejo partido estalinista, el Partido Socialista Popular (PSP), quien había sido nombrado secretario de organización del nuevo partido revolucionario fusionado— resultó ser demasiado débil para hacerlo, a pesar del respaldo internacional mediado por la embajada checa en La Habana. Hemos escrito sobre esto muchas veces.[32] Nadie puede probar que la "microfracción", como se le llama en Cuba, habría asesinado a Fidel, Raúl y Che si la correlación de fuerzas hubiese sido distinta. Pero de lo que sí hay constancia histórica es que los dirigentes cubanos no iban a quedarse de brazos cruzados frente a un golpe contrarrevolucionario interno y permitir que se llevara a los trabajadores y campesinos a la derrota.

La trayectoria revolucionaria de la dirección en Cuba representó un hito decisivo para las posibilidades de renovar el movimiento comunista internacional. Hoy día, poco más de 40 años después de su triunfo, la Revolución

---

32. Ver Jack Barnes, "The Fight for a Workers' and Farmers' Government in the United States" (La lucha por un gobierno de trabajadores y agricultores en Estados Unidos) en el número 4 de *New International* (1985), págs. 270–74 [impresión de 2019]; y la sección "Una lección de la Revolución Cubana" en Steve Clark, "El segundo asesinato de Maurice Bishop" publicado en el número de agosto de 1987 de *Perspectiva Mundial*.

Cubana no simplemente ha "sobrevivido". Continúa actuando y sirviendo de ejemplo revolucionario e internacionalista para el pueblo trabajador en el mundo, incluso aquí en Estados Unidos.

Continuidad revolucionaria y nuestra herencia proletaria

La desintegración del movimiento estalinista internacional ha llegado al punto que ha dejado de hacer lo que por décadas le dio un barniz de autenticidad a sus falsas afirmaciones de ser los portadores de la continuidad comunista: ya ni siquiera publica las obras de Marx, Engels y Lenin. Y en realidad tampoco muchos otros libros de carácter político. Ya no existe un partido ruso, alemán o chino que dedique recursos para promover y vender libros o folletos programáticos, mucho menos que los use como subsidios indirectos para sus favoritos en el exterior. Desde luego, incluso en la época cuando el movimiento estalinista producía este tipo de libros, su objetivo no fue nunca el de educar y armar políticamente a las nuevas generaciones de trabajadores revolucionarios. Ese hecho lo subraya gráficamente una de las exposiciones que están al fondo de este salón de conferencias, y que en los próximos días todos los presentes deberían aprovechar para disfrutar y aprender de ellas. La exposición montada por los voluntarios del Proyecto de Reimpresión de Pathfinder incluye la hermosa portada de *La última lucha de Lenin*, de la editorial Pathfinder, con una gran flecha y el rótulo: "Este libro quiere ser leído". Al lado está la vieja portada de cartulina rojiza de la última edición producida por los soviéticos de *¿Qué hacer?* de Lenin, con una flecha que dice: "Este libro exclama, '¡No me lean!'"

Perfecto. El propósito de esos libros *no era* que se leyeran. Se producían como parte de la letanía en las lenguas vulgares. Los legos solo podían entenderlos mediante las interpretaciones ungidas, y periódicamente cambiadas, por Moscú (o Beijing). Eran los cánticos sagrados del coro, mientras el Verbo se transmitía desde el altar: las justificaciones del curso colaboracionista de clases del Frente Popular, de los Procesos de Moscú, del pacto Stalin-Hitler, de ser los más brutales en hacer cumplir las promesas de no salir en huelga durante la Segunda Guerra Mundial, de brindar con copas de champaña con Nixon mientras llovían las bombas sobre Vietnam, de traicionar la iniciativa revolucionaria de Che y de Fidel en Bolivia, de hacer campaña por Lyndon Johnson, o lo que fuera.

Por feos que fueran estos libros y folletos, cumplían un fin decorativo. La forma correspondía a la función. No estaban diseñados para atraer a grupos de trabajadores de filas, de trabajadores-bolcheviques, para leer, discutir e interiorizarlos como guía para la acción política. La exposición preparada por los voluntarios del proyecto de reimpresión dice la pura verdad: estos libros no se hicieron para los trabajadores; se hicieron solo para dejar constancia.

En cambio, nosotros dedicamos tantos esfuerzos y recursos para hacer que nuestros libros y folletos sean atractivos y legibles porque estamos decididos a hacerlos llegar a un número creciente de trabajadores, agricultores y jóvenes de vanguardia que los quieren y los necesitan. Estamos orgullosos de ellos. Construimos puentes para leerlos y comprenderlos: secciones de fotos que son fruto de esmeradas investigaciones y diseños creativos; portadas llamativas, que a veces incorporan obras de arte como elemento decorativo; atención minuciosa a la presentación del texto. Los gobernantes adinerados no tienen el monopolio de ninguna de esas cosas.

Sin embargo, el movimiento estalinista en descomposición ni siquiera sigue produciendo las ediciones de "envoltorio liso color café" de los escritos marxistas clásicos. En Estados Unidos esto se remonta unos cuantos años atrás, incluso antes de que Sam Webb sustituyera a Gus Hall a principios de 2000 como presidente nacional del PC y antes de la muerte de Hall poco después. En un informe presentado en 1996 a la dirección nacional del partido, publicado en su revista mensual, *Political Affairs*, Hall se lamentaba, "La verdad íntegra sobre nuestra hermosa librería [en la calle 23 del bajo Manhattan] debe incluir el hecho de que no produce ganancias. No paga alquiler... No contribuye al bienestar económico de nuestro partido". Y respecto a la propia editorial International Publishers, Hall dijo, "A pesar de la importancia y los beneficios de tener una casa editora del Partido, el hecho es que el Partido no deriva ningún beneficio económico". ¡Qué pena, se habían acabado los subsidios de Moscú!

En plena fuga de '¿Qué hacer?'

Esa tendencia se ha acelerado bajo Webb, quien ha organizado a los organismos dirigentes del PCEUA para que rechacen la "pureza doctrinaria" y las "respuestas trilladas de antaño" de cuando el curso del partido todavía estaba definido por "las políticas sectarias del movimiento comunista en su época formativa". Ahora por primera vez el PC abiertamente está haciendo a un lado a Marx, Engels y Lenin, incluso como punto de referencia ritual para la acción política: ya no solo en la práctica, como lo ha sido durante 70 años, sino cada vez más también de palabra. Más revelador aun es que la dirección del PCEUA no organiza a los miembros de la Liga de Jóvenes Comunistas para que lean las obras básicas del marxismo.

Webb, por ejemplo, abiertamente rechaza la afirmación que recalca Lenin en *¿Qué hacer?* —y a través de todos sus escritos— de que la clase trabajadora no puede desarrollar ideas comunistas sencillamente a partir de sus propias experiencias y lecciones dentro de una determinada industria, región o nación, o siquiera a través de una serie de batallas de clases reñidas. Webb rechaza así uno de los fundamentos políticos centrales del bolchevismo. Niega abiertamente que la conciencia de clase proletaria tiene que ser traída al seno de la vanguardia obrera combativa por un partido comunista que esté integrado a las luchas que se desarrollan por las líneas de resistencia proletaria a los gobernantes imperialistas, y que esté generalizando las lecciones de las batallas obreras de los últimos 150 años, lecciones de todas partes del mundo. Él niega que dicho partido debe estar analizando y explicando constantemente las relaciones entre *todas* las clases de la sociedad capitalista como guía para su propia trayectoria independiente *proletaria*. En breve, en el centenario de *¿Qué hacer?* el PCEUA ha decretado que este libro debería estar en el basurero, y no solo poniéndose amarillo en un estante.

Sin embargo, la verdad es que para los comunistas el planteamiento de Lenin es tan esencial hoy como nunca. Los radicales pequeñoburgueses a menudo han tratado de tergiversar lo que decía Lenin, cambiándolo a la afirmación de que individuos como ellos —de clase media— tienen que traer ideas revolucionarias a la clase trabajadora. Pero esa es una falsedad interesada. Al inicio del siglo XX, Lenin hizo frente a las crecientes corrientes reformistas y sindicalistas que estaban en la dirección de los movimientos revolucionarios en Rusia. Ante esta situación, reafirmó enfáticamente la esencia política del Manifiesto Comunista: que los comunistas no tienen intereses históricos aparte de los del conjunto del proletariado. Que nuestro programa y nuestra estrategia, tal como lo expresa el Manifiesto, "No son sino la expresión del conjunto de las condiciones reales de una lucha de clases existente, de un movimiento histórico que se está desarrollando ante nuestros ojos". Y que los comunistas, por tanto, "tienen sobre el resto del proletariado la ventaja de su clara visión de las condiciones, de la marcha y de los resultados generales del movimiento proletario", que conducen a la conquista revolucionaria del poder por la clase trabajadora.[33]

Ese es el argumento que recalca Lenin: la necesidad de un partido comunista que sea parte íntegra de la vanguardia de masas de la clase trabajadora en acción, y que traiga a su seno una conciencia política revolucionaria. La necesidad de un partido disciplinado que pueda ayudar a los trabajadores a ver y comprender las luchas que se desarrollan y los desafíos que existen en la industria, la región y el país donde viven, trabajan y luchan *como parte del mundo* y como parte de una historia *que se desenvuelve*. A medida que crecen el tamaño y el peso social de la clase trabajadora con relación a otras clases, como ha sucedido en el último siglo, esta tarea la pueden y la van a realizar aquellos partidos que sean cada vez más proletarios en la composición de su militancia y dirección. En Estados Unidos un porcentaje cada vez más elevado de la dirección del partido revolucionario serán trabajadores, a diferencia de la dirección central de la mayoría de los partidos marxistas hasta este momento de la historia.

Lecciones acumuladas durante 150 años del movimiento obrero

En la actualidad, cuando un trabajador, un agricultor o una persona joven se integra a luchas y se interesa en ideas

---

33. Marx y Engels, *El manifiesto comunista*, pág. 48 [impresión de 2022].

más amplias, el lugar donde se busca el marxismo ya no es un partido subordinado a la casta estalinista y sus instituciones en la Unión Soviética o China. No es allí donde los militantes conseguirán los libros y folletos que no solo pueden abrirles un mundo completamente nuevo, sino presentarles el mensaje proletario de cómo cambiar ese mundo. Toda la experiencia y las lecciones sobre liderazgo que el movimiento comunista ha acumulado a lo largo de las décadas en la construcción de un partido proletario, todo el trabajo político que hemos realizado para documentar la continuidad viva del movimiento obrero revolucionario, todo nuestro empeño en apoyar una editorial y en transformar un taller de imprenta: todos estos logros están dando frutos de formas nuevas.

Más adelante en la conferencia va a llegar Jack Willey desde Argelia, de regreso de un viaje de solidaridad de tres días en Sahara Occidental, durante el congreso de la Unión de la Juventud de Saguia el Hamra y Río de Oro (UJSARIO). La semana antes, junto con Jacob Perasso, de la dirección nacional de la Juventud Socialista, y Anne Howie, quien representaba a la Juventud Socialista en el Reino Unido, había asistido a la última sesión internacional preparatoria en Argel para el 15° Festival Mundial de la Juventud y los Estudiantes del 8 al 16 de agosto.[34]

Jack, Anne y Jacob describen el mismo tipo de experiencia que hemos tenido en otros encuentros internacionales en que hemos participado en los últimos años: ya sea una reunión de la Federación Mundial de Juventudes Democráticas, una conferencia de solidaridad en Cuba o una feria del libro en México o Teherán. Jóvenes de

---

34. Ese verano 6 700 jóvenes de 143 países participaron en el 15° Festival Mundial de la Juventud y los Estudiantes, celebrado en Argel.

todo el mundo que buscan publicaciones revolucionarias y comunistas se acercan a nuestra mesa. Ellos quieren *El manifiesto comunista, Del socialismo utópico al socialismo científico, El estado y la revolución, El imperialismo, fase superior del capitalismo,* y otras obras de Marx, Engels y Lenin publicadas o distribuidas por Pathfinder. Compran *El desorden mundial del capitalismo, Cuba y la revolución norteamericana que viene, El rostro cambiante de la política en Estados Unidos* y diversas ediciones de *Nueva Internacional,* en todos los idiomas en los que publicamos. Se interesan en *La historia de la Revolución Rusa, La revolución traicionada* y *En defensa del marxismo* por León Trotsky. Escogen títulos de Fidel Castro y Ernesto Che Guevara, y a menudo se asombran al encontrar libros y folletos por Thomas Sankara de Burkina Faso y por Maurice Bishop de Granada. Nos arrebatan los libros de Malcolm X —literalmente los arrebatan— y nosotros les presentamos libros por James P. Cannon y Farrell Dobbs. Y la lista continúa.

Seguimos cosechando los beneficios políticos del trabajo que dedicamos a principios de los años 90 en la antigua Unión Soviética para rescatar tantos de los tomos de las obras completas de Marx y Engels, las obras completas de Lenin y otros clásicos del marxismo que de otra forma iban rumbo a las plantas de reciclaje para ser reducidos a pulpa. Muchos de estos libros ya no existen salvo en nuestras existencias o son prácticamente imposibles de conseguir.

El colapso de los partidos y aparatos gubernamentales estalinistas también permite que reclamemos para el movimiento comunista una continuidad política con las revoluciones posteriores a la Segunda Guerra Mundial en Azerbaiyán, en Argelia, en Granada, en Nicaragua, en Burkina Faso. Los trabajadores y agricultores en todo el mundo también necesitan saber y asimilar el balance sobre el ascenso y ocaso de estos gobiernos populares revolucionarios que en una u otra etapa no lograron contener las consecuencias de una combinación de presión imperialista y traición estalinista. También aquí es el movimiento comunista el que siguió minuciosamente estas experiencias de lucha de clases, como participantes y partidarios. Es nuestro movimiento el que ha documentado sus lecciones y las palabras de sus dirigentes para reforzar la capacidad de los revolucionarios en todas partes del mundo de identificarse con ellas y utilizarlas en las batallas que vienen.

EL PODER COMPRENDER estas revoluciones y reclamarlas como nuestras se hace aun más importante con el paso de cada año. Un número cada vez mayor de miembros del movimiento comunista no estaban envueltos en la política revolucionaria cuando ocurrieron esos acontecimientos y no tienen un recuerdo vivo de Ahmed Ben Bella o de Maurice Bishop o de Thomas Sankara. No tienen un recuerdo vivo de los extensos informes y análisis que Joe Hansen hizo en las páginas de *World Outlook*[35] sobre

---

35. Ver "The Algerian Revolution and the Character of the Ben Bella Regime" (La revolución argelina y el carácter del régimen de Ben Bella) por el dirigente del PST Joseph Hansen en *The Workers and Farmers Government* (El gobierno de trabajadores y agricultores; Nueva York: Pathfinder 1974). También "The Algerian Revolution from 1962 to 1969" (La revolución argelina de 1962 a 1969) en la misma colección y "On the Character of the Algerian Government" (Sobre el carácter del gobierno argelino) en Jack Barnes, *For a Workers and Farmers Government in the United States* (Por un gobierno de trabajadores y agricul-

el gobierno de trabajadores y campesinos en Argelia, o nuestros reportajes semanales de primera mano sobre la revolución nicaragüense realizados por el buró de Managua del *Militant* y de *Perspectiva Mundial*. Esta será una experiencia multifacética de aprendizaje.

Las generaciones que nunca pasaron por estas revoluciones aprenderán acerca de ellas desde la óptica de lo que está pasando en la política mundial actual y lo que los comunistas están haciendo en respuesta. Las generaciones que sí vivieron esos acontecimientos y trabajaron junto a cuadros y dirigentes de dichas revoluciones las aprenderán de nuevo junto a estos compañeros desde una óptica distinta.

Muchos jóvenes que irán a Argelia este verano para el Festival Mundial de la Juventud, por ejemplo, están aprendiendo por primera vez acerca de la guerra de liberación nacional que libró el pueblo argelino y la derrota histórica que le propinaron al imperialismo francés, que culminó con la independencia en 1962. Están aprendiendo acerca de las traiciones de la lucha independentista argelina por los partidos estalinista y socialdemócrata en Francia, cómo el gobierno de trabajadores y agricultores encabezado por Ben Bella se erosionó y fue derrocado, y cómo estos acontecimientos siguen definiendo la política no solo en Argelia, sino en Francia hasta el día de hoy.

Los trabajadores y jóvenes de disposición revoluciona-

---

tores en Estados Unidos; Nueva York: Pathfinder, 1985). Los artículos firmados y no firmados de Hansen en la revista de noticias *World Outlook* se pueden encontrar en microfilm en bibliotecas de investigación o a través del sistema de préstamo interbibliotecario; al solicitarlo pida "UMI Serials in Microform, Order Number IN6523, *Intercontinental Press*, reel no. 1 (Sept. 27, 1963–Oct. 29, 1965)".

ria en países como Argelia y Nicaragua y Burkina Faso y de esas regiones del mundo —muchos de los cuales jamás han tenido acceso a su propia historia a través de las palabras de los dirigentes centrales de esas revoluciones, ni a una crítica comunista honesta de sus trayectorias— aprenderán junto a nosotros las lecciones de estas experiencias. Algunos de ellos habrán escuchado relatos de sus familiares o de amigos que son un poco mayores. Pero la mayoría jamás habrá tenido acceso directo a la historia de su propio país y sus lecciones, ni a la continuidad revolucionaria en la cual se enmarcan estas luchas. Los que conocemos en las fábricas, en las ventas en entradas de fábricas, en las mesas callejeras en distritos obreros o en los recintos universitarios en este país a veces pueden ser reclutados a la lucha para forjar un partido proletario a fin de hacer una revolución aquí en Estados Unidos.

Los comunistas no contamos con este tipo de oportunidades cuando nuestra clase se halla en medio de un prolongado repliegue político. Hasta el día de hoy me resultan entrañables los libros manidos, editados a mediados de los años 30 y en los 40, que los generosos compañeros en Minneapolis, Chicago y Detroit bajaban de sus estantes y me daban prestados o me regalaban después que me uní al movimiento comunista. Había también algunos folletos de los años 50, igualmente importantes para mí, que de alguna forma los compañeros habían encontrado los recursos para producir. Sin embargo, en términos generales el partido no había tenido un programa editorial por más de una década. No había ningún lugar donde los habría podido comprar. Los compañeros en Gran Bretaña, en India, y luego en Ceilán, habían producido unos pocos libros y folletos de Trotsky en inglés que podíamos usar, pero eso era prácticamente todo.

Por eso, cuando se nos fueron presentando oportunidades a principios de los 60 —a raíz de la lucha del pueblo negro y de la Revolución Cubana, y luego un creciente movimiento contra la guerra en el sudeste de Asia y una radicalización que se iba ampliando— la dirección del partido dedicó importantes recursos en cuanto a cuadros y fondos para apoyar el relanzamiento de una editorial y luego un taller de imprenta. Hoy más que nunca estamos viendo lo correcto de esa decisión y de la prioridad directiva que hemos dado a apoyar y ampliar ese esfuerzo desde entonces.

ESTAMOS ENCONTRANDO una creciente vanguardia de trabajadores, agricultores y jóvenes que necesitan estos libros. Estamos luchando junto a ellos en las fábricas, en el campo, en las líneas de piquete, en reuniones en las regiones mineras, en protestas contra la violencia policiaca y las redadas de la migra, y en otros lugares. Los estamos conociendo en distintas partes del mundo a través de nuestra labor internacional y la labor de las otras ligas comunistas.

No solo necesitan los libros y los folletos que produce y distribuye el movimiento comunista; tienen derecho a ellos. Estos libros no tienen otra fuente que el sudor y la sangre de trabajadores como nosotros alrededor del mundo. Contienen una sola cosa: la historia y las lecciones acumuladas de las actividades políticas, *las acciones políticas*, de los trabajadores y agricultores cuyas luchas anteriores nos dan hoy día la oportunidad de aprender en la práctica y de osar lo imposible: hacer una revolución que abra el camino para poner fin de una vez por todas a la explotación y opresión de clases. Una revolución a nivel mundial: un mundo que es el punto de partida para toda perspectiva y toda tarea del movimiento comunista.

PRESENTACIÓN DE RESUMEN EN SESIÓN DE CLAUSURA

L OS FUNCIONARIOS DEL GOBIERNO francés han acuñado un nuevo término: califican a Estados Unidos como "hiperpotencia". La palabra la usó por primera vez el ministro del exterior de Francia el año pasado, tras lo cual el presidente Jacques Chirac intentó asegurarle a Washington que no se dijo en tono "despectivo". Chirac pudo haberse ahorrado las explicaciones; a los tipos de la Casa Blanca les gustó el calificativo.

El imperialismo norteamericano sí es una hiperpotencia hoy en día. No corremos peligro de perder nuestra alma proletaria al reconocer este hecho, una realidad que no disminuye, sino agudiza las contradicciones del orden capitalista mundial. Estados Unidos se sitúa en el primer lugar entre los países imperialistas en cuanto a su fuerza económica, su poderío militar, su alcance político y —cada vez más— su audacia. Los gobernantes norteamericanos también abrigan grandes ilusiones respecto

---

En la clausura de la conferencia, el 16 de junio de 2001, Jack Barnes resumió algunos de los principales temas políticos discutidos durante los tres días. A continuación presentamos extractos mayores.

a las consecuencias de esa audacia y su impacto desestabilizador sobre el orden mundial imperialista.

Ellos se podrían recordar que en el apogeo de la grandeza de la Roma imperial, el imperio ya estaba bien entrado en su decadencia. En momentos en que "nunca se ponía el sol sobre el imperio británico", ya había comenzado a anochecer. Lo mismo pasa con el imperio norteamericano. Ya sea hiper o no.

Durante el largo reinado del imperio británico, la supremacía naval era la clave de su alcance y poder global. Desde la Segunda Guerra Mundial, la marina de guerra norteamericana —con sus portaaviones, grupos de batalla y submarinos de propulsión nuclear y con armas nucleares— ha dominado los mares. La capacidad de Washington de dominar los cielos también se ha hecho más y más decisiva.

Hoy el nuevo océano del imperialismo es el espacio. No estamos hablando del futuro; este cambio en el teatro de operaciones ya se está dando. La Casa Blanca y el Congreso están trabajando para desplegar las etapas iniciales del NMD, su Sistema Nacional de Defensa de Misiles. Después que se dejó de lado el programa de Reagan llamado "Guerra de las Galaxias" a finales de los años 80, la administración Clinton lo reavivó menos de una década más tarde, con planes para un sistema, inicialmente basado en tierra en Alaska. Bush ahora está apretando el paso con el centro de control y los silos de misiles en Alaska, a la vez que propone gastar alrededor de 8 mil millones de dólares para desarrollar y desplegar un "escudo antimisiles" basado en el aire, el mar y el espacio.[36]

---

36. El gobierno de Estados Unidos emplazó el primer interceptor de misiles basado en tierra en un silo en Alaska en julio de

El objetivo a largo plazo de los gobernantes norteamericanos no es solo de desplegar un llamado sistema de defensa de misiles en el espacio, sino de sembrar los cielos con misiles balísticos. Ya están desplegando un vasto aparato de espionaje "en el cielo". Esto coronará su actual poderío aéreo, marítimo y terrestre: "Dominio del Espectro Total", como lo describe abiertamente el Departamento de Defensa. Su objetivo consiste en tener una capacidad nuclear que les permita chantajear a cualquier gobierno del planeta, incluso a los que poseen sus propios arsenales nucleares estratégicos y sistemas de lanzamiento, es decir, Rusia, Francia y el Reino Unido. Es posible que Israel, y para entonces quizás China, podrían apenas encajar en esa categoría también. Y además Pakistán e India, y tal vez la República Democrática Popular de Corea, Irán y ¿quién más? Si bien éste es el plan a largo plazo de los gobernantes norteamericanos, falta mucho para que lo logren. Sin embargo, tienen otros objetivos inmediatos y políticamente importantes que forman parte de esto.

WASHINGTON ESTÁ PONIENDO en su mira a los estados obreros de China y Corea del norte. Tanto Beijing como Pyongyang, para defenderse frente al masivo poderío militar del gobierno norteamericano en el Pacífico y en Asia, están comprando, robando, improvisando y desa-

---

2004. El presidente Bush alabó la instalación por ser "el inicio de un sistema de defensa de misiles que fue concebido por Ronald Reagan". Un vocero del demócrata John Kerry dijo que si bien el candidato presidencial de su partido consideraba la defensa de misiles "vital para nuestra estrategia de seguridad nacional", primero había que darle prioridad de financiamiento a la propuesta de Kerry de expandir las fuerzas armadas norteamericanas en 40 mil soldados.

rrollando sus propios misiles balísticos, que son cada vez más poderosos, más precisos y de mayor alcance. Los gobernantes norteamericanos apuntan contra Iraq, Irán y otros países del Medio Oriente. Siguen enfocándose en Rusia, aunque Washington reconoce que hoy día Moscú no tiene los recursos económicos para frenar el rápido deterioro de su *actual* poder militar, ya no digamos que pueda competir en una carrera armamentista nuclear.

EN ÚLTIMA INSTANCIA, los gobernantes norteamericanos están apuntando incluso contra los que en su gran mayoría se habían quedado tranquilizados durante décadas —aunque nunca unánimemente— con el sueño (la esperanza) de que era imposible que ellos jamás fueran a ser blancos de ataque: los más fuertes de los aliados imperialistas rivales de Washington en Europa occidental.

Japón, según se nos recuerda a todos en agosto de cada año, mantiene una actitud menos optimista.

Los competidores franceses, alemanes y demás rivales del capital financiero norteamericano en Europa occidental no tienen ilusiones de poder contrarrestar la campaña de militarización de Washington sobre el mismo plano. Más bien, su plan proyecta componer una entidad confederada de algún tipo dentro de Europa, que les permita negociar mejor con Estados Unidos. Lo que obstaculiza dicha unidad son sus propias rivalidades, que se agudizarán. El hecho que las distintas clases gobernantes de Europa reconocen sus propias vulnerabilidades y pretenden hacer algo al respecto no es nada irracional. Pero que puedan *crear* una "nueva Europa" es un asunto muy diferente. Eso ya está plagado de conflictos que se harán más volátiles y desestabilizadores, y al ocurrir eso se acelerará la lucha de clases a nivel continental y más allá. A medida que vaya creciendo "Europa", constituirá aun menos una sola unidad.

Si uno incluye a los candidatos contemplados para ingresar a la Unión Europea en los próximos años, la UE, que actualmente tiene 15 miembros, podría llegar a tener hasta 27. Los miembros actuales varían desde los países capitalistas industrialmente más avanzados como Alemania, Francia y el Reino Unido, hasta los países como Portugal, Grecia e Irlanda que tienen zonas grandes más subdesarrolladas económicamente. Y está programado que la UE admita estados de Europa oriental y central donde la popularidad del capitalismo es muy superficial y aún no ha sido sometido a la prueba de la guerra o la depresión.[37]

Dadas estas desigualdades económicas, sociales y políticas —y las rivalidades entre las distintas clases capitalistas nacionales por los mercados de mercancías, capital y mano de obra— todo intento de mantener por cierto tiempo una política monetaria común que rija la nueva moneda del euro entrañará conflictos cada vez más intensos.[38]

---

37. En mayo de 2004 fueron admitidos otros 10 gobiernos a la Unión Europea: Estonia, Letonia y Lituania, antiguas repúblicas de la Unión Soviética; la República Checa, Hungría, Polonia, Eslovaquia y Eslovenia; y Malta y Chipre. El promedio del ingreso nacional per cápita de estos 10 países es menos de la mitad del nivel en los otros 15.

38. Entre 1999 y 2002, 12 miembros de la Unión Europea remplazaron sus monedas nacionales con una sola unidad monetaria llamada el euro, aunque parece que ya quedó atrás el punto máximo del movimiento hacia la adopción del euro. En Dinamarca en septiembre de 2000 y en Suecia en septiembre de 2003 se derrotaron propuestas respaldadas por gobiernos para integrarse a la unión monetaria. El primer ministro británico Anthony Blair, quien respalda la adopción del euro, pospuso un referéndum por tiempo indefinido, afirmando en abril de 2004

Si bien es probable que varios gobiernos del mundo incrementen la parte en euros de sus reservas en moneda extranjera, el capital financiero no tiene confianza —ni en Europa ni en ninguna otra parte del mundo— en las perspectivas de un euro fuerte tan bueno como el dólar, ya no se diga tan bueno como el oro.[39] Los bancos centrales del mundo, especialmente en Asia, siguen comprando cientos de miles de millones de dólares en obligaciones del Tesoro de Estados Unidos para garantizar sus reservas en divisas fuertes y facilitar sus ofensivas de exportación. Eso explica la fuerza del dólar norteamericano en la actualidad, y a la vez representa su talón de Aquiles. Cuando comience a erosionarse la confianza en el dólar, el reventón de esta burbuja de obligaciones multiplicará la crisis del capitalismo norteamericano, con repercusiones por todo el mundo. Pero esto no eliminará las contradicciones en torno a las monedas dentro de "Eurolandia", sino más bien las agudizará.

M<small>IENTRAS HEMOS ESTADO</small> reunidos aquí esta semana, el viaje de Bush a Europa ha dominado los medios noticiosos. Se informa que él sigue insistiendo a sus homólogos de que el Tratado Anti-Misiles Balísticos de 1972

---

que no podía "presentar un caso convincente, a nivel económico, para que Gran Bretaña se integre a la moneda única".

39. La parte en euros de las reservas mundiales de divisas extranjeras creció del 15.9 por ciento en 2000 al 18.7 por ciento a finales de 2002, mientras que la parte del dólar cayó del 67.5 por ciento al 64.5 por ciento. Sin embargo, en septiembre de 2003 se seguían facturando en dólares más del 80 por ciento de las exportaciones europeas a Estados Unidos y el 90 por ciento de las exportaciones de Estados Unidos a Europa.

(Tratado ABM) es letra muerta. Por supuesto, como señalamos desde el primer día, el tratado ABM ha sido un embuste desde que se firmó. Washington siguió adelante con un masivo esfuerzo de investigación y desarrollo de sistemas láser y otras tecnologías que podría usar cuando los gobernantes norteamericanos llegaran a la conclusión de que necesitan un sistema de defensa de misiles. Y las condiciones del tratado explícitamente rechazaban una prohibición al desarrollo de sistemas de misiles antibalísticos basados en tierra o los llamados sistemas de defensa de misiles de "teatro" que cubrieran zonas geográficas limitadas. El tratado no acercó al mundo ni un paso más a la paz, como tampoco lo ha hecho cualquier otro de los llamados tratados para la limitación de armas que los gobernantes norteamericanos y soviéticos suscribieron en las últimas décadas... o los "pactos de desarme" a los cuales se han adherido tan solemnemente las potencias burguesas y que tanto han despreciado los revolucionarios marxistas desde las últimas décadas del siglo XIX.

La oferta que Bush ha hecho en Europa esta semana —y que le presentará al presidente ruso Vladimir Putin cuando se reúnan mañana en Eslovenia— es un recorte importante del arsenal norteamericano de cabezas nucleares. Bush propone recortarlo drásticamente: desde su nivel actual de más de 7 mil cabezas nucleares hasta 2 mil o incluso menos. Si Moscú acepta hacer lo mismo, mucho mejor, dice Bush, pero Washington de todas maneras comenzará las reducciones unilateralmente.[40] Eso todavía le

---

40. En 2003 el Senado norteamericano y la Duma rusa ratificaron el Tratado sobre Reducciones de Ofensivas Estratégicas, firmado por Bush y Putin en mayo de 2002. El tratado establece que cada gobierno reduzca el número de cabezas nucleares desplegadas a un número entre 1 700 y 2 200 para finales de 2012.

dejará a Washington suficientes cabezas nucleares y misiles para destruir a cualquier enemigo repetidas veces.

Esta propuesta no debe sorprendernos. Bush está siguiendo los pasos del presidente Ronald Reagan, quien hizo una propuesta de aun mayor envergadura a Mijaíl Gorbachov durante la reunión cumbre de 1986 en Reikiavik, Islandia. Si Moscú abandonaba sus objeciones al despliegue norteamericano del sistema ABM de la Guerra de las Galaxias, dijo Reagan, entonces Washington aceptaría la eliminación recíproca de todas las cabezas nucleares dentro de un plazo de 10 años y compartiría el sistema ABM con Moscú. Pero nunca se materializó nada. La descomposición de la burocracia soviética ya estaba demasiado avanzada para que Gorbachov se arriesgara a la oposición que enfrentaría al aceptar el despliegue del sistema ABM, y la Casa Blanca no tardó en descartar la iniciativa como una "interpretación inexacta" de lo que Reagan había propuesto. Al año siguiente los gobiernos norteamericano y soviético firmaron un acuerdo para eliminar toda una clase de misiles de Europa occidental y oriental. Sin embargo, desde entonces ha quedado claro que tarde o temprano una administración norteamericana pondría de nuevo sobre el tapete alguna versión de esa propuesta.

Asimismo, bush pone en aprietos a muchos primeros ministros y presidentes europeos al decir abiertamente que también es un embuste el Protocolo de Kioto de 1997 sobre la contaminación ambiental y el control del clima. Bush lo hace para justificar el curso bipartidista de los gobernantes norteamericanos de poner las ganancias por encima de la salud y seguridad públicas, como también la protección del medio ambiente. Pero la verdad es sencillamente, una vez más, que el Protocolo de Kioto sí es un embuste. Ningún gobierno imperialista tiene la menor intención de sacrificar la rentabilidad para atenerse a las cuotas que se les ha asignado para las emisiones de dióxido de carbono y otros gases que causan el efecto invernadero. El tratado está redactado de manera de permitir que los gobiernos más ricos compren o negocien derechos de emisión para elevar sus cuotas, mientras que la carga recae sobre los países semicoloniales que no se pueden dar el lujo de pagar por una escapatoria.

Los diarios de esta mañana informan sobre el discurso que Bush dio ayer en Polonia, en la Universidad de Varsovia. Señalando la próxima reunión cumbre de la OTAN dentro de año y medio, programada para finales de 2002, Bush pidió que se consideraran favorablemente las solicitudes de ingreso de 10 países de Europa central y oriental, ex miembros del Pacto de Varsovia iniciado por los soviéticos. "Todas las nuevas democracias de Europa, desde el Mar Báltico hasta el Mar Negro y todas las que están en medio, deben tener la misma oportunidad de seguridad y libertad —y la misma oportunidad de unirse a las instituciones de Europa— que las viejas democracias de Europa", dijo Bush. "Yo creo en la afiliación a la OTAN de todas las democracias de Europa que la busquen y que estén dispuestas a compartir las responsabilidades que acarrea la OTAN. La pregunta de 'cuando' aún puede ser tema de debate, pero la pregunta de "si" [va a suceder] no debe serlo".[41]

---

41. En marzo de 2004 la OTAN admitió a siete países más: Estonia, Letonia y Lituania (antiguas repúblicas soviéticas); Bulgaria, Rumania y Eslovaquia (antiguos miembros del Pacto de Varsovia); y Eslovenia, que antes era una república de Yugoslavia. La República Checa, Hungría y Polonia, también antiguos miembros del Pacto de Varsovia, habían sido admitidas a la OTAN en 1999.

Luego Bush le ofreció a Putin la perspectiva de que una Rusia dispuesta a cooperar fuese incluida bajo la protección de la alianza militar de la OTAN dominada por Washington en Europa y que recibiera ayuda económica de los rivales de Wall Street al otro lado del Atlántico. "La Europa que estamos construyendo también debe estar abierta a Rusia", dijo Bush. "Tenemos interés en el éxito de Rusia y anticipamos el día en que Rusia esté completamente reformada, sea completamente democrática y esté estrechamente ligada al resto de Europa. Las grandes instituciones de Europa —la OTAN y la Unión Europea— pueden y deben forjar asociaciones con Rusia y con todos los países que han surgido de los escombros de la antigua Unión Soviética".

"Rusia forma parte de Europa", añadió Bush, "y por lo tanto no necesita una zona tapón de estados inseguros que la separen de Europa". El jefe ejecutivo del gobierno norteamericano también dejó más claro que el agua quién debería pagar la cuenta de esta amplia perspectiva. "En toda la región hay naciones que anhelan formar parte de Europa", dijo. "Las cargas —y los beneficios— de satisfacer esos anhelos recaerán naturalmente más fuertemente sobre Europa misma".

A MEDIDA QUE ENTRE los propios gobiernos europeos crezcan las tensiones alimentadas por las crisis, estos conflictos se verán acentuados por el capital financiero norteamericano. Washington no solo seguirá reforzando su vieja "relación especial" con Londres. Reforzará otras viejas alianzas a medida que forje nuevos lazos con gobiernos por todo el continente, incluso en Europa oriental y central, y conforme busque aprovechar las líneas divisorias que surgirán y se ahondarán. De ahí que en "Europa" se siguen sembrando las semillas de un conflicto interimperialista que se agudiza y acelera.

Los comunistas insistimos en que toda cuestión social y política es una cuestión de clase. Rechazamos cualquier llamada a actuar en nombre de "la nación" en un país imperialista. Negamos que haya cuestiones militares, ambientales o de otra índole donde las consecuencias sean "simplemente demasiado horribles", o cuyos aspectos técnicos sean "demasiado complejos", para que el proletariado proponga un curso en defensa de los intereses de clase de los explotados y oprimidos.

No hay cuestión política o social que pueda ser abstraída de la historia, examinada bajo un microscopio y luego resuelta en interés "de todos", independientemente de una posición de clase. No hay cuestiones que enfrente la humanidad que floten por encima de la política de clases. Todos los problemas "técnicos" o "científicos" relacionados con la producción de energía, los instrumentos de guerra, o la política social se resolverán a través del mercado capitalista en combinación con el poder estatal que actúa en nombre de la clase capitalista. Esto solo cambiará cuando la clase trabajadora haya dirigido una revolución para arrebatarle el poder estatal a esa minúscula minoría adinerada. Siguiendo esa línea de marcha, el proletariado puede y va a arrancar verdaderas concesiones que se deriven de su lucha revolucionaria.

El trabajo humano es trabajo social. Su producto no es resultado del trabajo de un individuo, ni siquiera la suma del trabajo de muchos individuos. Puede que algo parezca ser un acto individual: sembrar un campo de maíz, fabricar un par de zapatos, operar una máquina, etcétera. Sin embargo, ese trabajo siempre está rodeado —y depende— de una red de relaciones sociales, ya sea directa o indirectamente. Lo que sucede con el producto de ese agricultor, de ese zapatero, de ese trabajador lo determinan las relaciones de clase bajo las cuales labora.

Es el trabajo social el que lega a una generación tras otra la cultura —los planos— para transformar la realidad material en formas nuevas y más productivas y para hacer posible la creación de un mundo mejor.

Marx polemizaba contra aquellos en el movimiento obrero de su época que planteaban el criterio anticientífico de que el trabajo es la fuente de toda riqueza. "El trabajo *no es la fuente* de toda riqueza", insistió en 1875. "La *naturaleza* es la fuente de los valores de uso… ni más ni menos que el trabajo, que no es más que la manifestación de una fuerza natural, de la fuerza de trabajo del hombre". Por el hecho mismo que el trabajo depende de la tierra y de los recursos naturales en el proceso de producción, dijo Marx, el trabajador —quien no tiene más propiedad que su propia fuerza de trabajo— en el sistema capitalista se vuelve "esclavo de otros hombres, de aquellos que se han adueñado de las condiciones materiales de trabajo".[42] Esa propiedad privada de la tierra, de los medios de producción y de las materias primas es la base del poder tanto estatal como económico de la clase capitalista.

Al mismo tiempo, escribió Marx en *El capital*, la clase capitalista, en su competencia por ganancias, solo desarrolla las técnicas y los procesos sociales de producción —tanto en la industria como en la agricultura— "socavando, al mismo tiempo, los dos manantiales de toda riqueza: *la tierra y el trabajador*".[43] Marx y Engels nos enseñaron que la lógica del sistema capitalista, con el paso

---

42. Marx, "Crítica del Programa de Gotha", en Marx y Engels, *Obras escogidas*, tomo III, págs. 9–10.

43. Marx, *El capital*, tomo I, vol. 2, pág. 613.

del tiempo, lleva a transformar las fuerzas de producción en fuerzas de destrucción. La historia ha confirmado la validez de esta observación a la enésima potencia.

Sin embargo, una vez que comprendemos esta realidad, lo único que debería dar miedo a cualquiera de nosotros es la perspectiva de *no* organizarnos como parte de un componente disciplinado de una vanguardia obrera para evitar ese desenlace. Y eso requiere un programa y una estrategia para cerrar la brecha producida y reproducida por el imperialismo en las condiciones sociales y culturales de trabajadores y agricultores en países que están en diferentes etapas de desarrollo económico y social a nivel mundial. Requiere trabajar con miras a la convergencia de las condiciones de vida en el seno de la única fuerza en el mundo que puede llevar a cabo luchas revolucionarias exitosas siguiendo la línea de marcha del proletariado hacia el poder político. Mientras la vanguardia de la clase trabajadora no haga lo que los explotadores quieren que haga al tratar de asustarla y sobornarla —que recule atemorizada ante esa tarea— la transformación de la naturaleza de una forma sostenible y renovable le abre a la humanidad un futuro ilimitado.

Eso ES LO QUE NOS RECUERDA la constitución del Partido Socialista de los Trabajadores: que el objetivo del partido no es el de construir el socialismo "americano", sino de educar y organizar a la clase trabajadora para que tome el poder aquí y se sume a la lucha mundial por el socialismo. Nuestra meta consiste en movilizar la fuerza poderosa de un gobierno revolucionario popular en Estados Unidos en la revolución socialista internacional. Simplemente pensemos en lo que los trabajadores y agricultores cubanos han logrado desde que hicieron una revolución socialista: en un país semicolonial con una población de unos 7 millones de personas en 1959. Ellos alzaron el mundo sobre sus hombros. Pensemos después en lo que podría lograr el pueblo trabajador con el poder soviético en Estados Unidos.

LOS REVOLUCIONARIOS que vivimos y trabajamos en Estados Unidos llevamos a cabo nuestra actividad política no solo en el país más rico del planeta, sino en un país que desde 1865 no ha experimentado guerras en su propio suelo. Es un país donde han habido sangrientas batallas de clases y movimientos sociales proletarios, pero donde jamás se ha dado una situación revolucionaria o una insurrección obrera. Es un país que ha visto el trato genocida de las poblaciones indígenas y durante muchas décadas la violencia asesina organizada por grupos reaccionarios como el Ku Klux Klan, así como la brutalidad sistemática de la policía, la Guardia Nacional y los matones patronales, pero que solo ha experimentado un nivel limitado de combate en las calles y en las líneas de piquete entre bandas fascistas y guardias de defensa del movimiento obrero y de los oprimidos.

Así que los comunistas en Estados Unidos tenemos una necesidad especial y una responsabilidad especial de comprender y explicar las realidades económicas y sociales que enfrenta la inmensa mayoría de la humanidad, así como el lugar que ocupamos en esa humanidad, un lugar definido a fin de cuentas *por* esa humanidad. Como nos enseñaron Lenin y los bolcheviques, encaramos nuestras tareas revolucionarias en un mundo imperialista dividido entre las naciones oprimidas de Asia, África y las Américas y un puñado de naciones opresoras. Vivimos aún en la época de los conflictos y guerras mundiales imperialistas, levantamientos coloniales, guerras civiles y revoluciones.

Nunca empezamos como "americanos" en nada de lo que hacemos. Empezamos como una parte de los trabajadores del mundo, la parte que está en "América". Nosotros empezamos como soldados de la revolución mundial. Ese es el único "nosotros" que los comunistas conocemos.

LA CONSTRUCCIÓN DE UN PARTIDO PROLETARIO

Ya superamos el punto más bajo de la resistencia del pueblo trabajador

El Partido Socialista de los Trabajadores mira hacia adelante

JACK BARNES, MARY-ALICE WATERS STEVE CLARK

El orden global impuesto por los vencedores en la matanza inter-imperialista de la Segunda Guerra Mundial se está desmoronando, con consecuencias explosivas para el pueblo trabajador del mundo. Un largo repliegue de la clase obrera y los sindicatos ha llegado a su fin. Más y más trabajadores —de todas las edades, colores de piel y de ambos sexos— están diciendo "¡Basta!" Este libro destaca las oportunidades para los trabajadores con conciencia de clase. Fija el rumbo necesario para forjar un partido obrero basado en sindicatos combativos. Y una vanguardia proletaria de masas capaz de dirigir la lucha para acabar con el dominio capitalista, abriendo un futuro para la humanidad. US$10. También en inglés y francés.

En defensa de la clase trabajadora norteamericana

MARY-ALICE WATERS

Basándose en las mejores tradiciones combativas de trabajadores de todos los colores de piel y orígenes nacionales, decenas de miles de trabajadores en Virginia del Oeste, Oklahoma, Florida y otros estados libraron huelgas victoriosas en 2018 y restauraron el derecho a votar para ex presos. Los que Hillary Clinton tacha de "deplorables" han comenzado a resistir. US$7. También en inglés, francés, persa y griego.

LA LUCHA OBRERA Y LA DEFENSA DE LAS LIBERTADES CONSTITUCIONALES

50 años de operaciones encubiertas en EE.UU.
La policía política de Washington y la clase obrera norteamericana

LARRY SEIGLE, FARRELL DOBBS STEVE CLARK

Cómo los trabajadores con conciencia de clase han luchado contra los esfuerzos por reforzar el "estado de seguridad nacional" que es esencial para mantener el dominio capitalista. US$10. También en inglés y persa.

El socialismo en el banquillo de los acusados
Testimonio en el juicio por sedición en Minneapolis

JAMES P. CANNON

El programa revolucionario de la clase trabajadora, tal como fue presentado en respuesta a cargos fabricados de "conspiración sediciosa" en 1941, en vísperas del ingreso de Washington a la Segunda Guerra Mundial. Los acusados eran dirigentes del movimiento obrero en Minneapolis y del Partido Socialista de los Trabajadores. US$15. También en inglés, francés y persa.

FBI on Trial
The Victory in the Socialist Workers Party Suit Against Government Spying

(El juicio contra el FBI: La victoria en la demanda del Partido Socialista de los Trabajadores contra el espionaje del gobierno)

MARGARET JAYKO

Relata la victoria histórica en la lucha por los derechos constitucionales. Incluye el fallo completo de la corte federal en 1986 contra el espionaje del gobierno así como fragmentos del testimonio en el juicio. En inglés. US$17

PATHFINDERPRESS.COM

La crisis política de los gobernantes de EE.UU. y la respuesta del pueblo trabajador

El historial antiobrero de los Clinton
Por qué Washington le teme al pueblo trabajador
Jack Barnes

Lo que el pueblo trabajador necesita saber sobre el curso, impulsado por el lucro, que han seguido los demócratas y republicanos por igual en los últimos 30 años. Y el despertar político de los trabajadores que buscan entender y resistir los ataques de los gobernantes capitalistas. US$10. También en inglés, francés, persa y griego.

¿Son ricos porque son inteligentes?
Clase, privilegio y aprendizaje en el capitalismo
Jack Barnes

Expone las crecientes desigualdades de clase en EEUU y las justificaciones de las capas profesionales bien remuneradas que creen que su "brillantez" las califica para "regular" a los trabajadores, quienes supuestamente no sabemos lo que nos conviene. US$10. También en inglés, francés, persa y árabe.

¿Es posible una revolución socialista en Estados Unidos?
Un debate necesario entre el pueblo trabajador
Mary-Alice Waters

Un rotundo "sí" es la respuesta que se presenta aquí. Posible, pero no inevitable. Eso depende de lo que haga el pueblo trabajador. US$7. También en inglés, francés y persa.

NUESTRA POLÍTICA EMPIEZA
CON EL MUNDO
Sesión de preguntas y respuestas
de la conferencia

PREGUNTA: Hablabas esta mañana sobre el nuevo libro, *Cuba y la revolución norteamericana que viene*. La segunda parte de ese libro se basa en charlas que diste hace unos meses en Seattle y Nueva York. Hay una frase ahí que no comprendo, o quizás no estoy de acuerdo con lo que dice. Estás describiendo los cambios en la clase trabajadora y en el movimiento obrero en Estados Unidos, como lo has hecho aquí, y dices: "El compás de las manifestaciones de este cambio marino en la lucha de clases, claro está, tiene sus altibajos. La resistencia se acelera y se amplía por un tiempo, y luego se enlentece". Después añades, y esta es la frase que cuestiono, "Los sindicatos, las únicas

---

En la conferencia socialista internacional celebrada del 14 al 16 de junio de 2001 en Oberlin, Ohio, después de la presentación de apertura de Jack Barnes, "Nuestra política empieza con el mundo", publicada en las páginas que preceden, hubo una sesión de discusión por la tarde. Varias de las preguntas plantearon temas que a menudo preguntan trabajadores y jóvenes de disposición revolucionaria que llegan a interesarse en las actividades y perspectivas del movimiento comunista. Aquí publicamos dos de estos intercambios.

instituciones de masas del movimiento obrero norteamericano actual, se siguen debilitando".

Y continúas: "Las tradiciones que fomenta la cúpula sindical —que resultan tanto de su óptica y valores burgueses como de sus condiciones de vida pequeñoburguesas— la dejan totalmente desarmada ante lo que puede hacer erupción de un momento a otro bajo las actuales condiciones de crisis que plagan al capitalismo mundial. Sobre todo, no está preparada para las luchas que se vienen acumulando debajo de la superficie, por no decir que esa posibilidad la aterra. Y la cúpula sindical tampoco puede entender jamás las capacidades de las filas obreras".

Bueno, aquí en esta conferencia todos podemos estar de acuerdo con lo que dices sobre la cúpula sindical. Pero no me parece que de este hecho se desprenda necesariamente un continuo debilitamiento de los sindicatos. Cuando los comunistas decimos que los sindicatos se están fortaleciendo, ¿no significa que las filas están cobrando confianza y están participando más en el sindicato? ¿Y no es eso lo que ha estado ocurriendo en el último año más o menos? Por ejemplo, está el contrato que se ganó hace poco tras una huelga de dos meses y medio por parte de los trabajadores de la costura en la Hollander Home Fashions en Los Angeles y en Frackville, Pennsylvania, apoyados por los trabajadores de Tignall, Georgia, que respetaron sus líneas de piquete y rehusaron trabajar. Por primera vez en años, el Sindicato de Mineros Unidos está llevando a cabo una campaña seria para organizar las minas no sindicalizadas. Y están las campañas de sindicalización de la unión de trabajadores de la industria alimentaria (UFCW) entre los obreros de las empacadoras de carne en el Medio Oeste del país, en muchos casos dirigidas por trabajadores inmigrantes.

Entonces ¿podrías explicar lo que querías decir cuando planteabas que actualmente los sindicatos se siguen debilitando?

Los sindicatos siguen debilitándose

JACK BARNES: Los sindicatos se están debilitando y continuarán debilitándose por cierto tiempo. Un porcentaje cada vez menor de la clase trabajadora está sindicalizada. Los salarios reales de la mayoría de los trabajadores siguen estancados, en el mejor de los casos. Se intensifica la aceleración del ritmo de trabajo al mismo tiempo que se deterioran las condiciones laborales, así como los servicios y la disponibilidad de los seguros médicos y las pensiones. Y la clase patronal está recortando todo tipo de garantías del seguro social para toda la clase trabajadora.

Tienes razón, por supuesto, al decir que hoy cuando los trabajadores se quejan del "sindicato", o de "la Internacional", por lo general están hablando de una cúpula, especialmente del personal, los organizadores y los funcionarios a tiempo completo. Por eso siempre buscamos maneras de explicarles a nuestros compañeros de lucha que el sindicato somos *nosotros*, los miembros. Pero con eso no solo me refiero a las filas; también incluye a los funcionarios individuales. Cada miembro que ha pagado sus cuotas.

La burocracia de los sindicatos de la AFL-CIO y de otros llamados sindicatos internacionales continúa el curso que ha mantenido durante décadas para integrar políticamente al movimiento obrero al aparato estatal imperialista. En la edición de primavera del *IAM Journal*, la revista de la Asociación Internacional de Mecanometalúrgicos (IAM), por ejemplo, la portada estaba engalanada con el titular "Al estallar bombas en el aire" y una foto a color de un misil estadounidense. Toda la edición está dedicada a la promoción, con lenguaje entusiasta, del "sistema nacional de defensa antimisiles" iniciado por Clinton e impulsado por Bush con bastante apoyo bipartidista. Tom Buffenbarger, presidente de la IAM, alaba el aporte de los trabajadores organizados por la IAM en la fabricación de armas utilizadas por los gobernantes estadounidenses.

"¿Cuál de nuestras ciudades van ellos a atacar?" escribe. "En los próximos 15 años, estados forajidos que posean armas químicas, nucleares o biológicas también tendrán misiles capaces de alcanzar ciudades norteamericanas. Y cada día aumenta la posibilidad que los terroristas tengan acceso a tales armas. La prudencia exige que busquemos un sistema nacional de defensa antimisiles que funcione". El "nosotros" de Buffenbarger es Estados Unidos imperialista y "ellos" son sus enemigos. Los trabajadores del mundo ni siquiera son un factor que toma en cuenta.

Y la IAM no es un caso único. Toda la cúpula sindical promueve campañas de "Compre lo americano", ya sea acero, ropa, automóviles o lo que sea. No hay una voz que plantee una trayectoria para los trabajadores que sea independiente de los patrones, sus partidos gemelos y su gobierno.

G<small>RAN PARTE DE LA IZQUIERDA</small> reformista y centrista sí dice que los sindicatos se están fortaleciendo. Estos radicales de clase media sí identifican al sindicato con el ala "progresista" de la cúpula. Miran el espejo y se ven reflejados en la pandilla en torno a John Sweeney que se hizo con los principales cargos de la AFL-CIO en 1995. Estos izquierdistas dieron volteretas cuando ocurrió eso y todavía están mareados. La mayoría de ellos no mencionan que, a pesar de la promesa que hizo Sweeney de movilizar los recursos de la federación para organizar a los no sindicalizados, el número de miembros de sindicatos ha continuado decayendo desde entonces hasta la fecha. Sí lo van a mencionar. No cuando estén listos para adoptar una perspectiva proletaria, sino cuando estén listos para "apoyar" al próximo Sweeney. Aun cuando la cúpula de uno u otro sindicato sí adopta una posición formal de apoyo a una demanda a favor de los intereses del pueblo trabajador —el derecho al aborto, amnistía para los inmigrantes, un aumento del salario mínimo— eso sirve únicamente si algún grupo de trabajadores lo toma en sus manos y encuentra una manera de usarlo para impulsar la lucha. Ni la propia burocracia sindical, como tampoco ningún sector importante de ésta, tiene la menor intención de movilizar la fuerza de los sindicatos en un movimiento social para luchar por algo que no sea la protección de su propio sitio seguro en la sociedad capitalista.

En *La historia del trotskismo americano*, Cannon describe tres olas de huelgas durante los años 30, incluidas varias batallas importantes en 1933: la huelga de trabajadores de la seda en Paterson, el comienzo de la campaña de sindicalización de los trabajadores hoteleros en Nueva York y otras. Pero los sindicatos continuaban debilitándose en 1933. Esto solo comenzó a cambiar tras el desenlace de las huelgas al año siguiente en San Francisco, Minneapolis y Toledo. El cambio cualitativo se dio en 1936–37 con las huelgas de brazos caídos en las industrias automotriz y del caucho así como otras batallas que formaron el CIO.[44]

---

44. Ver los capítulos 7 y 8, "El viraje al trabajo de masas" y "Las grandes huelgas de Minneapolis", en James P. Cannon, *La historia del trotskismo americano, 1928–38: informe de un partícipe* (Nueva York: Pathfinder, 2002).

Antes que los sindicatos burocratizados comiencen a transformarse y fortalecerse, se tiene que producir algún tipo de sacudida social o política más amplia en las formas del movimiento obrero, algo que empuje por lo menos algunos de sus sectores hacia capas más amplias de la clase trabajadora y los oprimidos. Durante los años de combate de clases que forjaron los sindicatos industriales, el CIO (Congreso de Organizaciones Industriales) se convirtió en *un poderoso movimiento social*. También la dirigencia de lucha de clases del Local 544 de los Teamsters lanzó un movimiento social que se fue expandiendo y se orientó hacia otros trabajadores en las Ciudades Gemelas y por todo el Medio Oeste, hacia los granjeros y los desempleados. Luchó para organizar y usar el poder del movimiento obrero independientemente de los partidos gemelos de la clase patronal, los demócratas y republicanos, con la meta de formar un partido obrero nuevo basado en los sindicatos. Realizó campañas para extender el seguro social, establecer guardias de defensa sindical y movilizar la oposición obrera al imperialismo y a su guerra mundial inminente.

B<small>AJO CONDICIONES EXPLOSIVAS</small> de este tipo, las huelgas y batallas obreras afines en un número creciente de industrias o regiones del país llegan a tal punto que las filas obreras sí pueden usar los sindicatos de maneras más y más eficaces para defenderse y promover los intereses de los explotados y oprimidos. La cúpula del movimiento obrero comienza a dividirse bajo la creciente presión desde abajo.

Pero no es lo que está sucediendo actualmente en el movimiento obrero. No es de lo que se trata el cambio marino en la resistencia entre capas de trabajadores y agricultores, un fenómeno político que consideramos muy importante. La burocracia sindical, cada vez más asediada, está viéndose dividida hasta cierto punto *desde arriba*, bajo las presiones de los sectores del capital estadounidense que están en competencia, pero todavía no por las presiones de las filas. Los empates o las derrotas aún sobrepasan el número de victorias en las huelgas y campañas de sindicalización. Además hay un número importante de éxitos individuales, pero la lucha de clases todavía está a un nivel donde a los trabajadores les resulta difícil mantener una lucha de manera de aprovechar los frutos de estas victorias. No obstante, es importante el hecho que hoy día estas situaciones más frecuentemente dan lugar a resistencia continua y no a derrotas rápidas, lo cual había sido muy común a principios y mediados de los años 90.

Los trabajadores en la Dakota Premium Foods en St. Paul, Minnesota, ganaron una importante votación por el reconocimiento del sindicato hace casi exactamente un año. Algunos miembros del Local 789 del UFCW están faltando un día a esta conferencia para participar en una actividad sindical en celebración de este aniversario. Fue una lucha fuerte y muchos de los cuadros siguen activos. Pero la patronal de la Dakota aún rehúsa reconocer el sindicato y negociar un convenio. La lucha continúa. El tono, la intensidad, las relaciones entre los distintos luchadores, todo esto cambia con el tiempo. Pero la lucha sigue. Son los patrones los que algún día se olvidarán de este hecho, y lo lamentarán.[45]

---

45. Gracias a la resistencia que continuó durante el año siguiente —contra la aceleración de la línea de producción, contra el ser forzados a trabajar lesionados, en defensa de los beneficios médicos, por el derecho de ir al baño y para que la patronal respe-

Los trabajadores de la costura en la Hollander Home Fashions, que están organizados por UNITE, ganaron su huelga recientemente, como lo mencionó la compañera que hizo la pregunta. Hicieron retroceder el intento de la patronal de destruir el sindicato y forzaron a la compañía a que accediera a algunas de sus demandas en cuanto a salarios y pensiones. Ahora enfrentan el reto cotidiano de defender esos logros y crear las bases para continuar la lucha por mejores horas y condiciones de trabajo, la protección de sus condiciones de salud y seguridad y los salarios.

No hay muestras de que la cúpula del UMWA esté librando una campaña para organizar las minas no sindicalizadas. Eso sencillamente es incorrecto. De hecho, actualmente no hay *campañas* de sindicalización en ninguna parte del movimiento obrero de Estados Unidos. No es la prioridad principal de la cúpula de ningún sindicato.

Hay algunos intentos de sindicalización muy importantes que están ocurriendo en algunas fábricas, minas y centros de trabajo, y en ciertas ciudades y zonas del país. Sabemos de un buen número de éstas y estamos involucrados en algunas de ellas. Entablamos contacto con trabajadores que participan en estos esfuerzos de sindicalización y los cubrimos en el *Militant* y en *Perspectiva Mundial*. Trabajamos lealmente con cualquiera que desee empujar en esa dirección, ya sea que operen una rozadora de tajo largo en una mina de carbón, o trabajen en la matanza en una empacadora de carne, o se desem-

---

tara los derechos de antigüedad— los trabajadores miembros del Local 789 del UFCW forzaron a los dueños de la Dakota Premium Foods a reconocer el sindicato y negociar un convenio. El pacto fue aprobado por los miembros del Local 789 en Dakota en octubre de 2002.

peñen como organizadores sindicales asalariados. Pero nosotros y otros trabajadores de vanguardia nos daremos cuenta cuando una sección del movimiento obrero lance una campaña de sindicalización seria en este país. No se nos pasará desapercibida.

Prepararse para las batallas venideras
Lo que está comenzando a suceder es muy importante. Vemos la efervescencia de discusión y actividad organizadora entre trabajadores que han sido expulsados de empleos sindicalizados —en las minas, en un taller de costura o donde sea— o cuyos sindicatos fueron destruidos durante la última década. Nos topamos con estos trabajadores cuando nosotros mismos nos encontramos trabajando por cierto tiempo en empleos no sindicalizados, o nos enteramos de lo que están haciendo por medio de sus amigos, familiares y ex compañeros de trabajo. Esto es parte de la preparación para las batallas venideras por transformar los sindicatos.

Tanto los compañeros que han trabajado en la industria por muchos años como los compañeros más recientes en las fracciones sindicales están aprendiendo juntos cómo actuar en situaciones como éstas y hacer trabajo sindical competente como comunistas. Tenemos que interiorizar la manera en que nos comportamos, cómo evitar errores ultraizquierdistas, cómo actuar junto a otros trabajadores de vanguardia en el trabajo sin que nosotros u otros seamos atacados. Al igual que otros militantes, a veces sufriremos despidos, pero el ser despedido innecesariamente demuestra un comportamiento indisciplinado que causa daño al partido, a nuestros compañeros de trabajo y al movimiento sindical. Así que nuestras fracciones sindicales tienen que convertirse en escuelas para aprender el tipo de conducta competente y trabajo sindical comunista que permitan hacer causa común con los trabajadores cuya actividad hoy día forma parte de las precondiciones necesarias para las intensas batallas por venir.

Lo importante de haber llegado hace unos años al fin del repliegue de nuestra clase, que duró más de una década y media, es que más y más trabajadores rehúsan ser echados atrás por los patrones y el gobierno sin ofrecer resistencia. Los trabajadores avanzan en diversas huelgas o en campañas de sindicalización individuales. Cuando largas y duras batallas terminan en un empate, o aún cuando sufren un revés temporal, un número cada vez menor de trabajadores salen de estas luchas permanentemente amargados o desmoralizados por mucho tiempo. Continúan llevando la solidaridad a otros trabajadores en lucha. Siguen interesados en ideas sobre cómo luchar de forma más eficaz y vencer, incluso en las ideas de comunistas que han luchado a su lado y a quienes llegan a respetar. Cada vez que ocurre esto se va abriendo un poco más el espacio político en los sindicatos.

Pero nada de esto se traduce directamente en el fortalecimiento de los sindicatos. Eso no ocurrirá hasta que batallas exitosas en diversos locales sindicales, localidades o regiones comiencen a tener su reflejo directo en una nueva dirección cuyo curso sirva de guía para otros trabajadores y sindicalistas. Hasta que esto suceda, los sindicatos seguirán debilitándose.

Los sindicatos no son simplemente una idea que existe en la mente. Son instituciones que realmente existen y funcionan día a día como parte de la sociedad capitalista. Hasta que los miembros comiencen a poner su sello en estas instituciones —en las relaciones entre el trabajo y el capital, las relaciones entre los trabajadores y toda la estructura legal que enmaraña a la clase trabajadora en trabas burocráticas— los sindicatos no se fortalecerán. Y las filas solo podrán poner su sello en los sindicatos creando una dirigencia en sus locales en el transcurso de las luchas venideras.

Cuando surge una lucha sindical en la que participamos, todo tipo de personas se involucra: trabajadores, funcionarios sindicales, empleados del sindicato. No prejuzgamos ni actuamos en base a ningún prejuicio. Trabajamos con cualquiera y con todos mostrando todas nuestras cartas. A veces los funcionarios sindicales locales tienen la esperanza de avanzar sobre la cresta de alguna batalla exitosa que redunde en beneficio propio en el seno de la cúpula, y a lo mejor hasta sonrían por un tiempo ante la energía de las filas que ellos esperan les ayude a avanzar hacia esta meta. Pero pueden virar en un instante si esta misma energía amenaza con traer a la dirección local fuerzas nuevas que los funcionarios no controlan, y aún más si amenaza con remplazarlos, aún cuando éstas todavía no tengan la fuerza suficiente para hacerlo.

LAS DIVISIONES ACTUALES en la cúpula sindical son producto de creciente debilidad, no de fuerza. Los burócratas desesperadamente pretenden compensar la disminución constante de su base de cuotas y el declive —hasta tocar fondo— de su propia influencia y poder de negociación en la política burguesa. Ese no es el tipo de presiones, generadas por batallas ascendentes de las filas, que en 1935 llevaron a John Lewis, presidente del sindicato minero UMWA, a separarse de la Federación Americana del Trabajo, con su orientación hacia los gremios de oficios, y a fundar el CIO.

Solo durante el último mes se han difundido en la prensa varias noticias sobre las gestiones de uno u otro alto funcionario sindical que pretende congraciarse con la Casa Blanca y con congresistas tanto republicanos como demócratas. Hace poco Sweeney organizó una cena para 17 miembros republicanos de la Cámara de Representantes. La cúpula del USWA ha estado trabajando horas extras en Washington haciendo los mandados de las grandes compañías del acero para buscar el apoyo de Bush y del Congreso a favor de nuevas y grandes barreras arancelarias. La burocracia del UMWA está elogiando las nuevas propuestas de la Casa Blanca que quitarían las restricciones ambientales al consumo del carbón y a la minería de cima de montaña. Y las cúpulas de los sindicatos Teamsters y de carpinteros, ambos de los cuales han dejado de ser miembros formales de la AFL-CIO, están movilizando apoyo para nuevos y grandes proyectos federales de construcción que Bush había prometido como parte de su "plan energético".

POR CIERTO, TODO ESTO nos debería hacer más atentos a la resistencia de los trabajadores organizados no solo en los sindicatos donde tenemos fracciones sindicales, sino en los sindicatos de los obreros del acero, de los Teamsters, de los carpinteros o donde sea. El sindicato de carpinteros es uno de los pocos que realmente ha crecido en el último lustro, de unos 350 mil a 550 mil miembros. A partir de la victoria de la huelga de los obreros de la construcción llamados *drywallers* (paneleros) en Los Angeles en 1992, el sindicato de carpinteros ha organizado a un número importante de trabajadores inmigrantes que antes habían sido excluidos de los sindicatos de la construcción por la política de la cúpula sindical de proteger gremios de oficios. Nos orientamos a los trabajadores que están luchando, sin importar a qué sindicato estén afiliados o a qué sindicato quisieran afiliarse, sea el UMWA o los carpinteros, UNITE, los Teamsters, el UFCW o los Laborers (LIUNA). Si hay una huelga o una campaña de sindicalización, queremos estar ahí, integrados a la lucha y participando políticamente con las filas.

Pero vamos a desarmar a nuestros compañeros de lucha hoy día si les decimos que los sindicatos se están fortaleciendo porque hay un ascenso en la resistencia. Más bien lo que comunistas necesitamos señalar es que al resistir los ataques patronales de la manera que algunas capas de trabajadores y agricultores han venido haciendo en los últimos años, estamos empezando a tomar un camino por el cual los sindicatos podrán y van a fortalecerse. Y por el cual, con esfuerzo y perseverancia, se podrán organizar batallas de clases que con el tiempo empezarán a transformar los sindicatos.

Las escaramuzas preparatorias en las cuales participamos junto a otros trabajadores hoy día son importantes. En realidad, sin ellas no podemos pasar a la próxima etapa. Hablar de socialismo en los centros de trabajo y con trabajadores que están involucrados en luchas —hacerlos suscriptores al *Militant* y a *Perspectiva Mundial*, discutir con ellos nuestros libros y folletos, lograr que vayan al foro semanal o a un evento de la campaña electoral del PST— eso también es necesario. Es así que ganamos amigos, reclutamos y *nos preparamos*.

Todo lo que decimos aquí es un argumento para adentrarnos más en los sindicatos, fortalecer nuestras ramas y nuestros comités organizadores basados en distritos obreros, e integrarnos más de lleno a las luchas de los trabajadores y agricultores por todo el país. Nuestra meta es aumentar la confianza, la solidaridad y la conciencia política de las filas, y encontrar a aquellos trabajadores entre la vanguardia que se convertirán en lectores de nuestra prensa, que vendrán a nuestros foros y que podrán ser reclutados al partido comunista.

Es al seguir las verdaderas líneas de resistencia entre los trabajadores y agricultores que —al parecer, de la nada— algún día nos encontraremos envueltos en una lucha de vanguardia en la cual la fuerza organizada de las filas sí comenzará a transformar una sección del movimiento obrero en alguna parte: a través de las propias instituciones de los sindicatos. Así los sindicatos sí empezarán a fortalecerse, y hasta se comenzará a desafiar el férreo dominio político del sistema bipartidista imperialista que asfixia al movimiento obrero. Se abrirá toda una nueva etapa en la política obrera en Estados Unidos.

PREGUNTA: Soy miembro de la Juventud Socialista en Los Angeles. Esta mañana dijiste que el movimiento comunista tiene una orientación hacia la vanguardia de la clase obrera. Debo haber escuchado esa frase cientos de veces, pero creo que nunca había pensado realmente cuál era su significado. Después de la charla creo que entiendo mejor cómo estamos forjando la dirección de lo que será el futuro movimiento comunista en este país, y veo lo que significa ser miembro de la Juventud Socialista en ese contexto.

También recalcaste que a principios de los años 60 los estalinistas todavía tenían la fuerza suficiente como para ayudar a la Revolución Cubana, pero no la fuerza suficiente como para poder asesinar a su dirección revolucionaria. ¿Podrías explicar más lo que sucedió después en la política mundial que llevó a la desintegración del movimiento estalinista apenas unas décadas más tarde?

Parte de una vanguardia más amplia de la clase obrera

JACK BARNES: Cuando alguien se une a la Juventud Socialista todavía necesita tiempo para entender, práctica y concretamente, lo que es el partido. La afiliación al partido no es condición para ser miembro activo de la Juventud Socialista. Pero un miembro de la Juventud Socialista realmente descubre de qué se trata el movimiento comunista al llegar a comprender el partido y lo que estamos haciendo políticamente.

El Partido Socialista de los Trabajadores no es la naciente dirección de la revolución socialista norteamericana. No somos un embrión que crecerá de una manera directa mediante el reclutamiento para convertirse en el partido de la revolución socialista norteamericana. Somos una vanguardia *política* consciente, sin la cual no se podrá organizar esa dirección. Somos un núcleo de trabajadores-bolcheviques que se someten a la disciplina de un partido revolucionario proletario centralista. Pero siempre estamos buscando y haciéndonos parte de una vanguardia mucho más amplia de trabajadores y agricultores que se está formando en el transcurso de distintas luchas y que está dirigiendo *en acción*. Al desarrollarse las futuras batallas, nos fusionaremos políticamente más de una vez con otras fuerzas de vanguardia entre trabajadores y agricultores que tienen orígenes diferentes y se han forjado bajo experiencias diferentes. La dirección de la revolución norteamericana venidera surgirá de ese proceso combinado; así se desarrolla todo movimiento comunista de masas.

No les decimos a los nuevos miembros que se están uniendo a lo que será la dirección del futuro. Les ofrecemos la oportunidad de unirse al esfuerzo organizado *hoy* para encontrar y trabajar con esta vanguardia de la clase obrera que constantemente está cambiando y desarrollándose, para aprender de ella e influenciarla. De formar parte de un movimiento de cuadros proletarios que actúan por cuenta propia y responden a su propia voluntad, que luchan por todos los medios que sean necesarios para hacer la revolución socialista norteamericana y, al hacer esto, que luchan para conquistar todas las demandas posibles en defensa de los intereses de los trabajadores y oprimidos.

Nadie tiene que mirarse al espejo y decir: "Me estoy uniendo a la dirección de la revolución proletaria". No, te estás uniendo a una sección políticamente consciente, a una vanguardia política, de esa dirección emergente, tal y como lo describen los pasajes del *Manifiesto comunista* y *¿Qué hacer?* de los que hablamos hoy anteriormente. ¡Esa es una carga mucho menos pesada!

SI LA REVOLUCIÓN RUSA y otras revoluciones victoriosas del último siglo sirven de guía, entonces esta vanguardia será mucho más grande y heterogénea que el partido en cada etapa de la lucha de clases, hasta el momento de la propia insurrección. En ciertas coyunturas importantes, a veces esta vanguardia proletaria más amplia se adelantará al partido, saltará adelante de nosotros y nuestros cuadros tendrán que hacer los ajustes necesarios para integrarnos más plenamente al movimiento tal y como se está desarrollando en la práctica. Esta flexibilidad táctica solo la puede demostrar en la práctica un partido de trabajadores-bolcheviques que sea firme en cuanto a su programa y su teoría, seguro de su curso estratégico y esté organizado sobre la base del centralismo revolucionario. Esa es la clase de partido cuyos cuadros se ganarán la lealtad y confianza de un número creciente de trabajadores y agricultores de vanguardia, a medida que luchemos y saquemos lecciones juntos. Ese es el núcleo del movimiento comunista al que estamos reclutando hoy.

No olviden: los trabajadores en lucha deciden quiénes son sus dirigentes. Y ésos son los dirigentes. Punto. El partido no es el que decide; ésa es una responsabilidad que un trabajador-bolchevique *no* tiene. Y los trabajadores deciden quiénes son sus dirigentes basándose en lo que hacen individuos en la lucha, y no en el partido, el sindicato, la iglesia o cualquier otra entidad a la que pertenezcan.

En el transcurso de nuestra vida política, cada vez que regresamos a los libros de Marx o Engels, de Lenin o Trotsky, de Cannon o Dobbs, traemos con nosotros nuevos acontecimientos de la política mundial y nuevas experiencias que estamos atravesando junto con otros trabajadores, así como con las nuevas generaciones en el partido. No es que nuestra previa lectura haya sido menos exacta o menos valiosa, sino que ciertas lecciones políticas se hacen más concretas a raíz de lo que estamos haciendo. Estamos descubriendo de nuevo la importancia de los fines de semana educativos y de las escuelas de verano socialistas en las que los miembros del partido y de la Juventud Socialista trabajan juntos, leen el material antes de las clases, estudian, aprenden y reaprenden la historia, estrategia y teoría del movimiento comunista. Los Jóvenes Socialistas están descubriendo lo importante que es la participación en los foros semanales del Militant Labor Forum, donde discutimos y debatimos política con otros trabajadores y jóvenes atraídos a estas reuniones públicas.

Cuando empecemos a organizar un programa de educación marxista, siempre hay que imaginar que los nuevos miembros están diciendo: ¡Por favor, nada de jerga! Cuando tenemos que expresar algunas ideas en lenguaje normal los compañeros experimentados muchas veces nos damos cuenta que no sabemos todo lo que creíamos saber. Y trabajamos juntos y lo aprendemos. Si no somos capaces de comunicar nuestra política de manera amplia, para que se pueda comprender, podemos desarrollar la ilusión del saber y no la realidad. Podemos comenzar a usar la 'jerga de grupo' tan vacía que caracteriza a las organizaciones que se repliegan del trabajo de masas y hacia sí mismas.

NUESTRA LABOR EDUCATIVA actual reúne a las generaciones más viejas que entraron a nuestro movimiento como trotskistas y a las generaciones que nunca serán trotskistas. Los de mi generación, y los que me precedieron éramos trotskistas, como lo fue la generación que siguió a la mía. Sin Trotsky y el trotskismo, el movimiento comunista no habría durado mucho después de la consolidación de la casta burocrática dirigida por los estalinistas en la Unión Soviética en la segunda mitad de los años 20. Es un hecho histórico, no una hipótesis. No habría existido el Partido Socialista de los Trabajadores. No se habría dado una lucha por un partido proletario en Estados Unidos o en ningún otro país.

Pero ninguno de los compañeros que se están incorporando ahora, ninguno de los que se incorporaron en los últimos 15 años y pico, son trotskistas ni lo serán jamás. Miren la última página de "Su Trotsky y el nuestro: la continuidad comunista hoy". Fue originalmente una charla pública presentada durante el congreso de la Alianza de la Juventud Socialista en Chicago a finales de 1982. "Antes que acabe la presente década muchos de nosotros no vamos a llamar 'trotskista' a nuestro movimiento, como tampoco lo hizo jamás el mismo Trotsky", dije. "Nosotros en el Partido Socialista de los Trabajadores, al igual que Trotsky, somos comunistas".[46]

De hecho, es lo que ha sucedido. Somos comunistas, sencillamente, trabajadores-bolcheviques. A los dirigentes de nuestro movimiento que están trabajando para organizar el próximo Festival Mundial de la Juventud en Argelia, la mayoría de nuestros colaboradores en ese empeño los consideran comunistas. Así también son vistos por los participantes que muestran curiosidad por los libros y folletos que traemos a todos los encuentros internacionales. Para buscar publicaciones comunistas se acude a nosotros. Pero yo y otros de mi generación nos unimos a nuestro movimiento y nos formamos y educamos como trotskistas. Me alegra que fue así, como también estoy orgulloso de que las mismas generaciones pioneras del viraje del partido hacia la industria, y de la reconstrucción de nuestras fracciones industriales a finales de los años 70, también iniciaron y dirigieron el profundo esfuerzo mediante el cual comenzamos a identificarnos como lo que somos: comunistas. En este proceso, nuestro trotskismo en sí se asimiló y se desvaneció. Es por esto que luchó Trotsky; es por esto que luchó Jim Cannon; es por esto que lucharon Farrell Dobbs y Joe Hansen; es por lo que nuestro movimiento ha luchado desde su origen aquí en Estados Unidos: asegurar la continuidad, en la teoría

---

46. Publicado por primera vez en 1983 en el número 1 de *New International*, "Su Trotsky y el nuestro" se reeditó posteriormente como libro: Jack Barnes, *Su Trotsky y el nuestro* (Nueva York: Pathfinder, 2002). La cita que se menciona aquí aparece en la página 180 [impresión de 2019].

y la práctica, del bolchevismo, del comunismo.

"No tenemos ninguna revelación nueva", dijo Cannon en los primeros minutos de sus charlas que se convirtieron en *La historia del trotskismo americano, 1928–38*. "El trotskismo no es un nuevo movimiento, una nueva doctrina, sino la restauración, el renacer, del marxismo genuino, tal como se expuso y se practicó en la Revolución Rusa y en los primeros días de la Internacional Comunista".[47]

Trotsky escribió un magnífico artículo en 1937 titulado "Estalinismo y bolchevismo", que mencioné en la charla esta mañana. "El marxismo encontró su máxima expresión histórica en el bolchevismo. Bajo la bandera del bolchevismo se logró la primera victoria del proletariado, y se estableció el primer estado obrero", dijo Trotsky. El Partido Bolchevique "pudo realizar magnífico trabajo 'práctico' solamente porque todos sus pasos estuvieron iluminados por la teoría. El bolchevismo no creó esta teoría: la proporcionó el marxismo". Y al darse nuevos acontecimientos en la historia, los bolcheviques enriquecieron esa teoría basándose en su actividad y sus generalizaciones de esta teoría.

"El bolchevismo hizo una contribución inapreciable al marxismo", dijo Trotsky, "con su análisis de la época imperialista como una época de guerras y revoluciones; de democracia burguesa en la era del capitalismo en decadencia; de la correlación entre la huelga general y la insurrección; sobre el papel del partido, los soviets y los sindicatos en el período de la revolución proletaria; con su teoría del estado soviético, de la economía de transición, sobre el fascismo y el bonapartismo en la época del capitalismo en decadencia; y finalmente con su análisis

---

47. James P. Cannon, *La historia del trotskismo americano*, págs. 29–30 [impresión de 2018].

de la degeneración del Partido Bolchevique mismo y del estado soviético. Que se nombre otra tendencia que haya añadido algo esencial a las conclusiones y generalizaciones del bolchevismo".[48]

LOS ESTALINISTAS TRATARON de reclamar la bandera del bolchevismo, aunque cada vez con menos éxito con el paso del tiempo. Así como intentaron, como dijera una vez Joe Hansen, aprovechar el "resplandor rojo" de la Revolución Cubana a cambio de la ayuda militar y económica de Moscú. La iniciativa que tomó el gobierno cubano de solicitar esa ayuda y la celeridad de la respuesta soviética fueron decisivas para la supervivencia de la revolución. Fue así especialmente en los primeros años, cuando Washington impuso por primera vez su embargo económico y aún mantenía la esperanza de aplastar la revolución con relativa rapidez a través de una invasión. En nuestras resoluciones y en nuestra prensa, desde entonces hasta hoy, hemos apoyado la decisión de Fidel, Che y otros dirigentes cubanos de buscar esa ayuda para defender e impulsar no solo a Cuba revolucionaria sino la lucha mundial por la liberación nacional y el socialismo. Pero al mismo tiempo la dirección cubana siempre estuvo resuelta a limitar su dependencia de la Unión Soviética en lo económico, militar y político. Nunca olvidaron la lección que aprendieron durante la Crisis de Octubre de 1962, cuando el primer ministro Nikita Jruschov ni siquiera les consultó antes de ordenar el retiro de los misiles soviéticos de Cuba.

---

48. León Trotsky, "Estalinismo y bolchevismo", en *Writings of Leon Trotsky (1936–37)* (Escritos de León Trotsky, 1936–37), págs. 532, 548.

Esto comienza a responder a tu segunda pregunta, pero es necesario destacar un punto muy importante: era el *estado obrero soviético* el que aún tenía fuerza suficiente como para brindarle ayuda a Cuba en aquellos primeros años de la revolución, mientras que era el *movimiento estalinista mundial* el que se había debilitado demasiado como para organizar exitosamente el asesinato de la dirección central en Cuba. Las dos cosas no son idénticas: el movimiento estalinista, organizado para defender los intereses de la casta en la Unión Soviética era la fuente más grande del *debilitamiento* de las conquistas de la Revolución de Octubre. Fue el aparato estalinista el que se resquebrajó y se desintegró en 1990–91. Una docena de años más tarde, los imperialistas aún no han logrado asestar el tipo de derrota sangrienta a la clase obrera ahí que será necesaria para restablecer el dominio y la estabilidad de las relaciones sociales capitalistas en Rusia y en otras republicas de la antigua Unión Soviética.

Ya en los años 60 los primeros indicios de la desintegración del movimiento estalinista mundial hacía tiempo que se habían dado, pero ellos todavía usaban terminología marxista y publicaban grandes cantidades no solo de las obras clásicas de Marx, Engels y Lenin sino de su propia propaganda y sus propios manuales hinchados: lo que Che llamaba "los ladrillos". El acto de descartar las pretensiones de marxismo podía originarse únicamente dentro de la Unión Soviética misma, y el momento decisivo ocurrió a principios de los años 90 con lo que Fidel calificó como el "desmerengamiento". Muy pronto después, dejó de ser posible que alguien buscara en algún aparato en Moscú siquiera una versión falsificada del marxismo, mucho menos la verdadera.

El estalinismo sufrió un golpe histórico que aceleró mucho su declive. Y pronto, en términos históricos, veremos su desaparición. Pero nuestro pronóstico, el pronóstico del movimiento comunista desde mediados de los años 30, se ha confirmado: la casta burocrática resultó ser más débil que el estado obrero; y el estalin*ismo* como ideología o como corriente en el seno del movimiento obrero no tiene continuidad histórica, no tiene base sobre la cual pueda perpetuarse independientemente de la existencia de esa casta.

Desde principios de los años 90, la verdadera interrogante acerca de los países semicoloniales que se planteaban muchas fuerzas centristas, radicales pequeñoburguesas y otros timoratos de diversas índoles ha sido la siguiente: sin la posibilidad de ayuda de la Unión Soviética ¿es posible —o hasta responsable políticamente, dirían algunos— que los trabajadores y campesinos en algún país hagan una revolución y lleven al poder un gobierno que sea intransigentemente antiimperialista, no digamos socialista? La revolución socialista en este sentido ¿todavía es concebible? Si dicha revolución lograra de alguna manera frenar o sobreponerse a la arremetida política y militar de las potencias imperialistas, especialmente Washington, ¿acaso no se rendiría por hambre? Por supuesto, en el fondo lo que siempre plantean es lo siguiente: "Tenemos que llegar a un acomodo con sectores 'progresistas' de nuestra propia burguesía y de los dos partidos gobernantes en Estados Unidos. Tenemos que actuar despacio y con cuidado. Y sobre todo, bajo estas nuevas condiciones, no podemos desafiar el poder estatal, la propiedad y las prerrogativas del capital".

Algunas de estas fuerzas políticas colaboracionistas de clase señalan la derrota de la revolución nicaragüense como su argumento decisivo. También hemos respondido a ese argumento. Un tomo entero de *Nueva Internacional* está dedicado a explicar la poderosa victoria del gobierno de trabajadores y campesinos de 1979 en Nicaragua y las razones por las que la dirección política del Frente Sandinista de Liberación Nacional (FSLN) rompió y retrocedió de una trayectoria revolucionaria internacionalista.[49]

SIEMPRE DEBEMOS RECORDAR una cosa: los trabajadores y campesinos de Rusia bajo la dirección bolchevique no contaban con un poder estatal al cual acudir cuando hicieron una revolución socialista en octubre de 1917. Se orientaron hacia los únicos a los que podían acudir: a los trabajadores y agricultores de Europa, Asia y el mundo. Acudieron a los oprimidos y explotados del mundo dominado por el imperialismo. Su nuevo gobierno soviético siguió una política exterior proletaria internacionalista. Acudieron a los trabajadores de disposición revolucionaria en todos los países posibles para lanzar la Internacional Comunista. Ofrecieron su ejemplo y su ayuda. Se adentraron más profundamente en el seno de las masas populares de la Rusia soviética misma. Organizaron el Ejército Rojo y defendieron la república de trabajadores y campesinos frente a la contrarrevolución desatada por los latifundistas y capitalistas y la invasión imperialista. Y aprovecharon las divisiones entre las potencias imperialistas y otros gobiernos capitalistas para ganar un respiro de tiempo, sin engañar en ningún momento a los trabajadores, agricultores y jóvenes de disposición revolucionaria que seguían la dirección de los bolcheviques en cuanto al carácter irreformable de estos regímenes

---

49. Ver el número 3 de *Nueva Internacional* (1994), "El ascenso y el ocaso de la revolución nicaragüense".

burgueses y a la necesidad de organizarse para derrocar a cada uno de ellos.

Eso es lo que un victorioso gobierno de trabajadores y campesinos, en cualquier parte del mundo, emprenderá de nuevo. Comenzarán con una ventaja que los bolcheviques no tenían: Cuba revolucionaria y su dirección, un liderazgo que jamás ha rehusado ayudar a una revolución genuina. Los revolucionarios de hoy lucharán en un mundo donde la clase obrera es mucho más grande en todos los continentes de lo que era en 1917. Un mundo donde las mujeres han engrosado los batallones de la lucha por la liberación nacional y el socialismo a un grado inconcebible 80 años atrás. Un mundo donde los imperios coloniales directos del capital financiero se han visto mermados drásticamente. Un mundo donde el propio sistema imperialista está plagado por sus crecientes conflictos, contradicciones y crisis. Un mundo donde dirigentes de países de todos los tamaños, de los distintos niveles de desarrollo y de todas las agrupaciones nacionales oprimidas han demostrado sus capacidades como revolucionarios proletarios de primera clase; ejemplos de esto son Thomas Sankara en Burkina Faso, Maurice Bishop en Granada y Malcolm X aquí en Estados Unidos. Y los militantes pueden leer lo que estos dirigentes revolucionarios dijeron y lo que hicieron —en sus propias palabras— gracias a nuestro programa editorial comunista, desarrollado a lo largo de muchas décadas, el cual es posible únicamente gracias a los esfuerzos de trabajadores como ustedes.

Actualmente no existe una situación prerrevolucionaria en ningún país, en ninguna parte del mundo, donde se plantee como tarea práctica inmediata y concreta la emulación de la trayectoria de los bolcheviques o de la vanguardia cubana hacia la toma del poder y la creación de un gobierno de trabajadores y agricultores. Pero eso no es lo importante. Lo importante es que hoy día, sin una perspectiva clara sobre la necesidad de este curso, y sin seguirla de forma intransigente, ningún partido revolucionario de la vanguardia de los trabajadores y agricultores puede ser educado, organizado y reforzado como trabajadores-bolcheviques. Y cuando las guerras, los descalabros capitalistas y las crisis sociales den lugar abrupta e inesperadamente a oportunidades revolucionarias —como sucederá una y otra vez— ya será muy tarde.

No garantizamos que una revolución nunca fracasará. No. Pero sabemos que cada revolución proletaria, aunque sea derrotada, ayuda a preparar la próxima: *si* la vanguardia comunista ha presentado honestamente su historia y ha sacado las lecciones correctas y las hace accesibles a las próximas generaciones. Ha sido así desde la Comuna de Paris en 1871 hasta la actualidad. La pregunta nunca es: ¿Qué tanto puede aguantar una revolución victoriosa? Las revoluciones victoriosas no "aguantan". No "se mantienen". No se "preservan" como fresas o melocotones. Las revoluciones victoriosas ponen fuerzas en movimiento. Repercuten mas allá de sus fronteras. Educan y alientan a los trabajadores y agricultores que luchan contra la explotación y la opresión en otros países. Estimulan la solidaridad entre la juventud y el pueblo trabajador en el seno de los centros imperialistas. Toda la historia moderna nos enseña esto.

Es más, las condiciones sociales y económicas en las que se gestan y ocurren las revoluciones coinciden inevitablemente con crisis y divisiones entre las propias potencias imperialistas, y a la vez provocan aún más crisis y divisiones; lo harán cada vez más en los años venideros. *El desorden mundial del capitalismo* sigue siendo tan oportuno como lo fue cuando publicamos el libro hace dos años, y lo será aún más en el futuro.

En medio de todas estas fuerzas controladas e incontroladas, lo determinante será la valentía, la decisión, la solidaridad y la conciencia de clase del pueblo trabajador, así como la preparación política, la experiencia combativa, la disciplina y la acción oportuna de una dirección comunista. No la ayuda de una fuerza externa. Y cada paso de avance se ofrecerá como ejemplo y hará más posible que los revolucionarios de cualquier parte del mundo puedan avanzar también.

'LA HISTORIA DE LA SOCIEDAD EXISTENTE ES LA HISTORIA DE LAS LUCHAS DE CLASES'

El trabajo, la naturaleza y la evolución de la humanidad
La visión larga de la historia
FEDERICO ENGELS
CARLOS MARX, GEORGE NOVACK
MARY-ALICE WATERS

Sin comprender que el trabajo social, al transformar la naturaleza, ha impulsado la evolución de la humanidad durante millones de años, los trabajadores no podremos ver más allá de la época capitalista de explotación de clases que deforma todas las relaciones, ideas y valores humanos. Solo la conquista revolucionaria del poder estatal por la clase trabajadora podrá abrir la puerta a un mundo libre de la explotación capitalista, degradación de la naturaleza, subyugación de la mujer, racismo y guerras. Un mundo basado en la solidaridad humana. Un mundo socialista. US$12. También en inglés y francés.

Revolución, internacionalismo y socialismo: El último año de Malcolm X
JACK BARNES

"Comprender el último año de Malcolm es ver cómo, en la época imperialista, una dirección revolucionaria de la más alta capacidad política, valentía e integridad converge con el comunismo. Esa verdad tiene un peso aún mayor en la actualidad, en tanto la violenta expansión del capitalismo mundial arroja a miles de millones de personas por todo el mundo, en las ciudades y el campo, desde China hasta Brasil, a la lucha de clases moderna". —Jack Barnes. En *Nueva Internacional* no. 8. US$14. También en inglés y francés.

El Manifiesto Comunista
CARLOS MARX
Y FEDERICO ENGELS

El comunismo, según explican los dirigentes fundadores del movimiento obrero revolucionario, no es un conjunto de ideas o "principios" preconcebidos sino el camino de la clase obrera hacia el poder, que surge de un "movimiento que se desarrolla ante nuestros ojos". US$5. También en inglés, francés, persa y árabe.

La evolución de la mujer
Del clan matriarcal a la familia patriarcal
EVELYN REED

Un viaje desde la prehistoria hasta la sociedad de clases que revela los aportes de la mujer, aún muy desconocidos, a la civilización. Reed señala los factores históricos que llevaron a la discriminación generalizada de la mujer como sexo. Ofrece perspectivas frescas sobre la lucha contra su opresión y por la liberación de la humanidad. US$18. También en inglés, persa e indonesio.

El origen de la familia, la propiedad privada y el estado
FEDERICO ENGELS

El surgimiento de la sociedad dividida en clases dio origen a los cuerpos represivos del estado y a la opresión de la mujer, permitiendo que las clases dominantes puedan traspasar su riqueza y privilegios. Engels plantea las consecuencias para los trabajadores de estas instituciones de clase, desde sus formas originales hasta las versiones modernas. US$15. También en inglés y persa.

PATHFINDERPRESS.COM

LA REVOLUCIÓN CUBANA Y SU IMPACTO, DE ÁFRICA A EEUU

Zona Roja
Cuba y la batalla contra el ébola en África Occidental
ENRIQUE UBIETA GÓMEZ

Cuando tres naciones africanas fueron asoladas en 2014–15 por una epidemia de ébola, el gobierno revolucionario de Cuba brindó lo que ningún otro país intentó aportar: más de 250 médicos, enfermeros y especialistas de salud pública voluntarios. Este recuento testimonial de sus actividades demuestra el tipo de hombres y mujeres que solo una revolución socialista puede producir. US$17. También en inglés y francés.

De la sierra del Escambray al Congo
En la vorágine de la Revolución Cubana
VÍCTOR DREKE
US$15. También en inglés.

Colombia: Fidel Castro sobre el debate acerca de la estrategia revolucionaria y lecciones de la Revolución Cubana
DE LAS PÁGINAS DEL *MILITANTE*

Fragmentos del libro *La paz en Colombia* de Fidel Castro y artículos del *Militante*. Al describir las gestiones de la dirección cubana para poner fin a décadas de guerra entre el movimiento guerrillero FARC y el brutal régimen colombiano, Castro en su introducción, epílogo y otras declaraciones explica por qué los revolucionarios cubanos, a diferencia del liderazgo de las FARC, rehusaron tomar rehenes y organizaron a los trabajadores para tomar el poder estatal en vez de librar una "guerra popular prolongada". US$5. También en inglés.

Cuba y Angola: La guerra por la libertad
HARRY VILLEGAS ("POMBO")

Cuba y Angola
Luchando por la libertad de África y la nuestra

FIDEL CASTRO, RAÚL CASTRO NELSON MANDELA

Dos libros que narran la historia del inédito aporte que Cuba hizo a la lucha para liberar a África del flagelo del apartheid. Y de cómo, al hacerlo, la revolución socialista en Cuba se vio fortalecida. US$10 y US$12. También en inglés. *Cuba y Angola: La guerra por la libertad* está disponible en persa y griego.

Cuba y la revolución norteamericana que viene
JACK BARNES

Sobre las luchas del pueblo trabajador en el corazón del imperialismo, sobre los jóvenes atraídos a ellas y el ejemplo del pueblo cubano, el cual muestra que una revolución no solo es necesaria: se puede hacer. Trata sobre la lucha de clases en Estados Unidos, donde hoy las fuerzas dominantes descartan las capacidades revolucionarias de los trabajadores y agricultores tan rotundamente como descartaron las del pueblo trabajador cubano. Y de forma igualmente errada. US$10. También en inglés, francés y persa.

Che Guevara: Economía y política en la transición al socialismo
CARLOS TABLADA

Este libro, que cita extensamente los escritos y discursos de Guevara sobre la construcción del socialismo, presenta la interrelación entre el mercado, la economía planificada, los estímulos materiales y el trabajo voluntario. Y por qué las ganancias y demás categorías capitalistas no pueden servir para medir los avances en la transición al socialismo. US$17. También en inglés, francés y griego.

PATHFINDERPRESS.COM

LA AGRICULTURA, LA CIENCIA Y LAS CLASES TRABAJADORAS

El siguiente artículo apareció originalmente como una serie de cuatro partes en agosto de 2001 en el semanario socialista en inglés *The Militant*, así como traducido al español en las ediciones de septiembre, octubre y noviembre de la revista socialista mensual *Perspectiva Mundial*, ambos editados en Nueva York. El artículo fue revisado y se reproduce aquí como un solo artículo. Steve Clark es subdirector de *New International* y es miembro del Comité Nacional del Partido Socialista de los Trabajadores.

La serie, que se publicó bajo el título de "El comunismo y la transformación de la naturaleza por el trabajo" se escribió en respuesta a una carta de Karl Butts, un agricultor en Florida, al director del *Militant*. Se basó en una clase ofrecida por Clark en una conferencia socialista internacional celebrada en junio de 2001 en Oberlin, Ohio. Se reproduce con permiso del *Militant*.

LA AGRICULTURA, LA CIENCIA Y LAS CLASES TRABAJADORAS

por Steve Clark

UNA CARTA DE KARL BUTTS al director hace una buena observación referente al último párrafo de un artículo por el corresponsal Joel Britton publicado en la edición del *Militant* del 2 de julio. Britton parafraseó una entrevista con el director de una cooperativa urbana de hortalizas en La Habana, quien explicó que, al igual que en otros huertos urbanos grandes, "durante el Período Especial empezaron a usar sustitutos de pesticidas y fertilizantes químicos por necesidad, pero que ahora lo hacen por opción".

Butts tiene razón al decir que "al citar esta afirmación específica" al final del artículo, la prensa socialista parece darle "cierto peso político al concepto de que la producción orgánica es preferible a la producción en que se utilizan 'químicos'", opinión que ni es la posición editorial del *Militant* ni tampoco, creo, la del autor del artículo. Y lo que es más, Butts señala que los lectores "podrían sacar la conclusión de que Cuba por lo general prefiere no utilizar químicos en la producción agropecuaria".

Britton visitó Cuba a mediados de mayo como corresponsal del *Militant* para informar sobre las activida-

Carta de un lector

Leí el artículo de Joel Britton en la edición del 2 de julio titulado "Cubanos celebran 40° aniversario de organización de agricultores". Siendo un pequeño agricultor que participó recientemente en una gira de "agricultor-a-agricultor" Cuba–Estados Unidos, a invitación de la Asociación Nacional de Agricultores Pequeños (ANAP), el artículo me pareció un buen resumen de lo que los agricultores cubanos han logrado en las últimas cuatro décadas gracias a su revolución socialista y reforma agraria. También fue útil la descripción de cómo la revolución tomó medidas para superar las escaseces de alimentos durante los peores años de la crisis económica a principios de los años 90, lo que los cubanos llaman el Periodo Especial.

Sin embargo, me preocupó el último párrafo del artículo, donde Britton cita al director de uno de los huertos urbanos [conocidos como organopónicos] de La Habana. Según el artículo, el director explicó que, "como en otros organopónicos grandes, durante el Periodo Especial empezaron a usar sustitutos de pesticidas y fertilizantes químicos por necesidad, pero que ahora lo hacen por opción".

A mi entender, el programa de huertos urbanos se instituyó en 1994 como una de las medidas destinadas a hacer más accesibles los alimentos para los trabajadores en las zonas urbanas. La ley que estableció el programa estipuló que se prohibirían ciertos químicos y fertilizantes por interés en las personas que viven y trabajan cerca de las fincas. Así que nunca existió una opción, si esto es cierto.

Esto no sería más que un detalle, si no fuera por la impresión que los lectores del *Militant* pudieran tener, al leer este párrafo, de que la prensa socialista, al citar esta afirmación específica, le ha dado cierto peso político al concepto de que la producción orgánica es preferible a la producción en que se utilizan "químicos". Por lo menos ésa fue mi impresión.

Los lectores también podrían sacar la conclusión de que Cuba por lo general prefiere no utilizar químicos en la producción agropecuaria.

La agricultura orgánica es una concepción burguesa y no tiene nada que ver con la lucha por alimentar al mundo. No creo que a los trabajadores y agricultores les beneficie dar legitimidad en la prensa socialista a esta treta comercializadora. Los comunistas en los países imperialistas deben ser especialmente sensibles para evitar la impresión de que son defensores de soluciones idealistas en un mundo con 800 millones de personas que padecen crónicamente de hambre.

Karl Butts
Tampa, Florida

des por el 40 aniversario de la Asociación Nacional de Agricultores Pequeños (ANAP). Junto con Randy Jasper, un productor lechero de Wisconsin, y Carolyn Lane de Minnesota, miembro del grupo Food First (Alimentos Primero), Britton también participó en el Cuarto Encuentro Internacional de Agricultura Orgánica, celebrado del 17 al 19 de mayo y auspiciado por la Asociación Cubana de Técnicos Agrícolas y Forestales.

Logros de Cuba
Como explicó Britton en el artículo, "Muchas de las presentaciones en la conferencia se enfocaron en cómo los agricultores cubanos, apoyados por la dirección revolucionaria del país, respondieron a principios de los años 90 frente a la abrupta falta de fertilizantes químicos, herbicidas y pesticidas, así como de combustible y repuestos para mantener el funcionamiento de la maquinaria. Los trabajadores y agricultores se dedicaron resueltamente a utilizar sustitutos de fertilizantes y pesticidas. Por ejemplo, empezaron a usar como fertilizante bagazo, residuo de la producción azucarera".

Antes de 1990, el comercio con la Unión Soviética y con otros países del Consejo de Ayuda Mutua Económica representaba el 81 por ciento del comercio exterior de Cuba, en gran parte con condiciones favorables. Con el colapso de los regímenes estalinistas en Europa central y oriental y en la URSS, Cuba ya no tenía un amortiguador contra los choques del mercado capitalista mundial. Al mismo tiempo, las administraciones tanto demócratas como republicanas también intensificaron la guerra económica de Washington contra Cuba.

Durante los años más difíciles de esa crisis, en el primer lustro de los 90, por ejemplo, el consumo en Cuba de combustible diesel y otros energéticos derivados del petróleo para fines agropecuarios fue reducido a la mitad, lo cual obligó a los agricultores a dejar sus tractores y otras máquinas y dedicarse de manera generalizada al uso de bueyes en los campos de cultivo. La aplicación de fertilizantes, herbicidas y pesticidas químicos decayó en un 80 por ciento. La importación de trigo y de otros granos bajó en un 50 por ciento y fue aun más abrupta la caída de la importación de otros productos alimenticios.

Una forma importante en que el gobierno revolucionario respondió a las escaseces de alimentos fue la de organizar al pueblo trabajador para que estableciera huertos urbanos, a menudo como cooperativas. Esta creciente fuerza laboral en la agricultura urbana suministra hortalizas y frutas frescas para escuelas, hospitales y comedores en los centros de trabajo. Las cooperativas también venden directamente al público y ayudan a abastecer una red de mercados en La Habana y otras ciudades. Durante el viaje, Britton y otros conferencistas visitaron tres de estas fincas en pequeña escala en la zona de La Habana, que se organizan como Unidades Básicas de Producción Cooperativa (UBPC). Actualmente, unos 60 mil cubanos que trabajan en la agricultura urbana producen más del 50 por ciento de las hortalizas y frutas frescas de La Habana.[1] Dada la gran concentración de personas que viven cerca de estos huertos, el gobierno

---

1. En 2003 los trabajadores que se dedicaban a la agricultura en pequeña escala en las ciudades cubanas y sus alrededores produjeron 3.9 millones de toneladas de hortalizas y hierbas comparado con 4 600 toneladas en 1994. Asimismo, se produjeron en parcelas pequeñas unas 250 mil toneladas de arroz. Actualmente unos 350 mil cubanos se dedican al cultivo en pequeña escala de productos alimenticios, predominantemente en las ciudades: casi tantos como los 420 mil que trabajan en la agricultura en gran escala en las zonas rurales.

cubano, como señala Butts en su carta, prohíbe el uso de ciertos fertilizantes o pesticidas químicos dentro de los límites de la ciudad.

Ante la severa reducción de productos importados, e impulsado además por las políticas nacionales de salud pública, el gobierno cubano en la última década ha educado y organizado a los agricultores y trabajadores para que sustituyan los insumos químicos con productos orgánicos en gran parte de la producción agropecuaria. Se han establecido centros en toda la isla que producen compost enriquecido y roca fosfórica para remplazar los fertilizantes químicos manufacturados. Para controlar las plagas se utilizan depredadores naturales, junto con pesticidas y herbicidas producidos con bacteria y hongos. Bajo la marca Biasav, Cuba ha empezado a comercializar una línea de pesticidas y herbicidas biológicos a nivel mundial. Algunos de los métodos que usan hoy día los agricultores en Cuba benefician a la larga la tierra, el agua y la salud de los seres humanos y otros seres vivientes, y también permiten que los agricultores mejoren el rendimiento de las cosechas.

No hay 'Edad de Oro'

Sin embargo, como señala Butts, es sencillamente incorrecto decir que "Cuba por lo general prefiere no utilizar químicos en la producción agropecuaria". Se utilizan fertilizantes, pesticidas y herbicidas sintéticos en la producción del azúcar, que históricamente ha sido el principal cultivo de exportación del país, así como en la producción de arroz, café, tabaco, papa y muchas otras mercancías. Es más, en la medida que lo permita el mejoramiento de las condiciones económicas, el gobierno y el pueblo de Cuba indudablemente optarán nuevamente por aumentar el uso de estos insumos y tecnologías agroquímicos, en tanto sean relativamente seguros, si esto les ayuda a los agricultores y trabajadores del campo a aumentar la productividad agrícola, reducir el trabajo deslomador y proveer de alimentos y ropa a un mayor número de personas a un costo menor.

En nombre de proteger el medio ambiente, y a veces también en nombre de defender la Revolución Cubana, algunas organizaciones e individuos convierten las medidas que los cubanos se han visto obligados a tomar bajo condiciones de crisis en un regreso a una especie de Edad de Oro idílica. Ejemplo de este fenómeno es un artículo de febrero de 2001 por el jefe ejecutivo de la Gardener's Supply Company, empresa basada en Vermont. "Cuba encabeza el mundo en vías de desarrollo", escribe el autor, "en el uso en pequeña escala del abono, la recuperación de tierra orgánica, las investigaciones sobre el riego y la rotación de cultivos, la tracción animal (bueyes) y otras prácticas novedosas".

En efecto, Cuba sí encabeza el mundo semicolonial. Los logros de los trabajadores y agricultores cubanos durante y después del Período Especial ofrecen una notable confirmación de su compromiso con la revolución socialista. Lo que lograron frente a las dificilísimas condiciones económicas y sociales de los años 90 habría sido inconcebible en cualquier otro país del mundo actual.

Pero poner en la misma categoría —sin reserva— un retorno de los agricultores a la tracción animal es algo muy diferente. Si bien el uso de los bueyes para arar los campos fue una "práctica novedosa" en la Época Neolítica de la humanidad hace 6 mil años, no hay muchos trabajadores cubanos que hoy lo calificarían como algo más que una necesidad extrema, la cual se proponen dejar atrás tan pronto las condiciones lo permitan.

¿Qué significa 'orgánico'?

Las cuestiones que plantea Butts van más allá de la política agropecuaria de la Revolución Cubana en la última década. Plantean uno de los problemas más fundamentales de la teoría y la práctica comunistas: la transformación de la naturaleza por el trabajo social, sin lo cual la lucha de la clase trabajadora para acabar con todas las formas de explotación y opresión no es más que una ilusión utópica.

Carlos Marx, dirigente fundador del movimiento obrero revolucionario moderno, escribió en *El capital:*

> El trabajo es, en primer lugar, un proceso entre el hombre y la naturaleza, un proceso en que el hombre media, regula y controla su metabolismo con la naturaleza. El hombre se enfrenta a la materia natural misma como un poder natural. Pone en movimiento las fuerzas naturales que pertenecen a su corporeidad, brazos y piernas, cabeza y manos, a fin de apoderarse de los materiales de la naturaleza bajo una forma útil para su propia vida. Al operar por medio de ese movimiento sobre la naturaleza exterior a él y transformarla, transforma a la vez su propia naturaleza. Desarrolla las potencias que dormitaban en la naturaleza y sujeta a su señorío el juego de fuerzas de la misma.[2]

Como dice Butts, el concepto de la agricultura orgánica como algo intrínsecamente superior al uso de los

---

2. Carlos Marx, *El capital* (México: Siglo XXI Editores, 1994), tomo I, vol. 1, págs. 215–16. Publicado originalmente en alemán en 1867.

insumos sintéticos por los agricultores es erróneo y contrario a los intereses históricos de la gran mayoría trabajadora de la humanidad. Cuando un par de participantes en una reunión de la dirección nacional del Partido Socialista de los Trabajadores, en mayo de 2001, hicieron aseveraciones en este sentido que se prestaban a malinterpretaciones, el secretario nacional del PST, Jack Barnes, se refirió a éstas en su informe sumario a los presentes.

"¿Qué significado ha llegado a tener para los trabajadores la palabra 'orgánico' al referirse a los alimentos?" preguntó Barnes. "Significa 'más caro': eso es lo que significa. Todos los productos del trabajo humano en el capitalismo se convierten en mercancías. Por eso, cuando vemos en la tienda de víveres algo que se ha bautizado como 'orgánico', significa sencillamente que el Departamento de Agricultura de Estados Unidos ha autorizado pegarle una etiqueta que también les permite a los comercializadores subirle el precio".

Hace una década los llamados alimentos orgánicos se podían encontrar únicamente en tiendas especializadas de "alimentos naturales" que servían a un pequeño mercado mayormente de clase media (las diferencias de precio en ese entonces eran aun mayores). Hoy, sin embargo, prácticamente todos los monopolios de alimentos han comprado pequeños negocios y han iniciado su propia línea de productos. La General Mills, Gerber, Dole, Heinz, ConAgra, Archer Daniels Midland: todas tienen sus propias marcas "orgánicas", que se venden a precios más altos para un creciente mercado especializado en las cadenas de supermercados. (Cuba revolucionaria misma ha podido aprovechar este mercado especializado para compensar por lo menos una minúscula parte de sus pérdidas por el descenso de los precios del azúcar en el mercado capitalista mundial. Cuba recientemente empezó a cultivar una pequeña cantidad de azúcar usando solo insumos biológicos que vende —muy por encima de los precios normales de mercancía— a empresas europeas de chocolates y de productos especializados que venden azúcar moreno empaquetado.)

Desde sus orígenes a mediados del siglo XIX, la agricultura orgánica como "causa" —y no simplemente como uno u otro método determinado de cultivo— se ha asociado con una actitud de sospecha hacia la ciencia y la tecnología entre capas de clase media y círculos burgueses bohemios. Muchos de sus promotores en las primeras cinco o seis décadas del siglo XX también estaban afiliados a la ultraderecha política. Eran afines a los derechistas promotores de teorías de conspiración en los años 50 y 60 que hacían campaña para detener la fluoración del agua y de la pasta dental, esfuerzo que se ha resucitado en años recientes con el respaldo de Ralph Nader y otros reformadores burgueses diversos que se hacen pasar por "ambientalistas".

Así funciona el capitalismo

"Cuando los trabajadores y agricultores con conciencia de clase hablamos de agricultura 'sostenible'", dijo Barnes en la reunión directiva del PST, "lo que buscamos sostener es la transformación de la naturaleza por el trabajo social, de manera más y más productiva, para satisfacer las necesidades de la humanidad".

Dada la competencia entre capitales y los dictados de la investigación y el desarrollo para fines bélicos en el sistema imperialista, dijo Barnes, nada va a detener la aplicación de la ciencia y de nuevas tecnologías a la producción industrial y agrícola. Al mismo tiempo, nada va a detener la asignación de capitales a fin de llevar al máximo la extracción a corto plazo de plusvalía para los gobernantes capitalistas. Eso es lo que impulsa la producción capitalista, y no el avance de la salud o del bienestar humano, o de ninguna meta social de ninguna clase a largo plazo. Ya que en el capitalismo todas las mercancías se producen y se comercializan con el propósito de ganancias —no por su valor para los seres humanos— todas ellas, "ya sean 'naturales' o 'sintéticas', están sometidas a venenos, contaminación o trabajo mal hecho", apuntó Barnes.

Barnes había abordado estas cuestiones políticas en una sección de su libro publicado en 1999, *El desorden mundial del capitalismo: política obrera al milenio*. "Daños ambientales verdaderamente horrorosos se están acelerando bajo el capitalismo hoy día (y los regímenes estalinistas de Europa oriental y la URSS también son responsables de estragos inimaginables)", dijo Barnes. "Los gobiernos revolucionarios de trabajadores y agricultores pueden y deberán detener y dar marcha atrás a este curso mortal".[3]

Carlos Marx y Federico Engels escribieron sólida y convincentemente sobre cómo el capital destruye la tierra, el agua, el aire: las bases de la vida humana y la civilización. Aun antes de que hubieran desarrollado plenamente su perspectiva mundial proletaria, señaló Barnes, ambos, como jóvenes de disposición revolucionaria, se habían visto profundamente impactados por todo lo que veían a su alrededor, tanto en la Renania alemana que recién se iba industrializando —donde se criaron— o durante sus viajes a Gran Bretaña, donde el sistema fabril era el más avanzado del mundo. Reconocieron el saldo que estaba cobrando el capitalismo en cuanto a la alimentación y las condiciones sanitarias de la clase obrera y la acelerada

---

3. Jack Barnes, *El desorden mundial del capitalismo: política obrera al milenio* (Nueva York: Pathfinder, 2000), pág. 374.

contaminación del medio ambiente natural. Ya en 1845, cuando Marx y Engels tenían veintitantos años y faltaban dos años para que se integraran a una organización obrera y ayudaran a redactar su programa, el Manifiesto Comunista, observaron que en el proceso de desarrollo del capitalismo, "se llega a una fase en la que surgen fuerzas productivas… que, bajo las relaciones existentes, solo pueden ser fuente de males, que no son ya tales fuerzas productivas sino más bien fuerzas destructivas".[4]

II

Impulsar la lucha mundial por el socialismo requiere cerrar la enorme brecha en las condiciones económicas, sociales y culturales entre el pueblo trabajador de diferentes países y los trabajadores del campo y la ciudad. Esta desigualdad de condiciones, legado de los miles de años de la sociedad de clases, ha sido reproducida durante el último siglo por el orden mundial imperialista.

Por ejemplo, aproximadamente 2 mil millones de personas no tienen acceso ni a la electricidad ni a otra cosa que los combustibles más primitivos para la cocina y la calefacción. Las velas y el kerosén para el alumbrado, así como la madera, el estiércol y la paja para el combustible (todos con sus emisiones nocivas tanto para los seres humanos como para la atmósfera de la Tierra) son la realidad para al menos la tercera parte de la población del

---

4. Carlos Marx y Federico Engels, "La ideología alemana", en Marx y Engels, *Obras escogidas* (Moscú: Editorial Progreso, 1973), tomo I, pág. 37.

mundo. En su conjunto, los países imperialistas de Norteamérica, Europa y el Pacífico, con el 14 por ciento de la población mundial, consumen un 57 por ciento de la electricidad. En cambio, los países de Asia y del Pacífico (a exclusión de Japón y China), con el 31 por ciento de la población mundial, consumen apenas el 10 por ciento de la electricidad. Y los países de África subsahariana, con casi el 10 por ciento de la población mundial, consumen apenas el 1 por ciento de la electricidad.

Otro indicio de esta desigualdad global perpetrada por el sistema capitalista mundial se observa en las diversas aplicaciones de las técnicas agrícolas que les ayudan a los labradores a aumentar su productividad. Mientras que en los países imperialistas los agricultores usan 16 tractores por cada mil acres (405 hectáreas) de tierra, en otras partes del mundo se emplea un promedio de solo tres tractores. Y con la excepción de los países semicoloniales productores de arroz en Asia oriental, la aplicación de fertilizantes por hectárea es mucho mayor en Norteamérica, Europa occidental, Australia, Nueva Zelanda y Japón.

Este atraso impuesto por el imperialismo en la agricultura y las industrias tiene consecuencias terribles para las condiciones económicas, sociales y culturales y el desarrollo del pueblo trabajador en Asia, África y América Latina. Aun según las cifras subestimadas de las agencias internacionales del capital financiero, un 47 por ciento de la población del mundo —casi la mitad— subsiste con menos de dos dólares diarios. El 40 por ciento no tiene acceso a condiciones higiénicas elementales. Otros cálculos semejantes arrojan una cifra de por lo menos mil millones de adultos analfabetos en el mundo: más de la cuarta parte de todos los adultos en las naciones oprimidas de Asia, África y América Latina. Esta cifra incluye el

60 por ciento de los adultos en África subsahariana y el 55 por ciento en Asia austral; las cifras son mucho más elevadas para las mujeres, no solo en estas regiones sino en la mayor parte del resto del mundo. Y como señala Butts al final de su carta, unos 800 millones de personas a nivel mundial padecen crónicamente de hambre y muchas más padecen desnutrición, según los cálculos del Programa Alimentario Mundial de la ONU.

Continuidad con el bolchevismo

Hoy día, las precondiciones para impulsar la lucha por el socialismo a escala mundial son fundamentalmente las mismas que las que planteó el dirigente bolchevique V.I. Lenin hace ocho décadas. Al explicar, en febrero de 1920, la importancia central del esfuerzo por impulsar la industrialización de la joven república soviética, Lenin dijo:

> Debemos hacer ver a los campesinos que la organización de la industria sobre una alta base técnica moderna, sobre la base de la electrificación, que vincule a la ciudad con el campo y termine con el contraste entre la ciudad y el campo, ha de permitir elevar el nivel cultural del campo, superar incluso en los rincones más apartados el atraso, la ignorancia, la miseria, las enfermedades y el embrutecimiento.[5]

La construcción del socialismo, dijo Lenin a fines de diciembre del mismo año, requiere más que la alfabetización de los trabajadores y agricultores que participan en

---

5. V.I. Lenin, "Informe sobre la labor del CEC de Toda Rusia", *Obras completas* (Moscú: Editorial Progreso, 1981–90), tomo 40, pág. 114.

ese esfuerzo histórico. "Necesitamos trabajadores cultos, conscientes, instruidos", dijo, para que no solo los trabajadores urbanos, sino "que la mayoría de los campesinos comprendan claramente las tareas que nos aguardan".[6]

¿Métodos tradicionales?

Karl Butts tiene razón al decir que la elevación de la agricultura "orgánica" a un fetiche no toma como punto de partida "la lucha por alimentar al mundo". Aquellos que rechazarían los avances de la química y tecnología agropecuarias a favor de lo que los promotores de la agricultura orgánica a veces denominan los métodos naturales o tradicionales deberían recordar tres cosas:

Primero, en las primeras comunidades agrarias hace unos 10 mil años, la esperanza de vida era menos de 30 años.

Segundo, gracias a los avances científicos en el desarrollo de variedades de plantas, fertilizantes, pesticidas, métodos de riego y mecanización, el rendimiento mundial en la producción de granos se ha duplicado desde 1960. En cambio, en Inglaterra tardó mil años cuadruplicar el rendimiento de la producción del trigo hasta alcanzar el nivel actual.

Tercero, hay pocos métodos más dañinos al medio ambiente y más antagónicos a la producción sostenible de alimentos que los métodos agrícolas de tala y quema y el sobrepastoreo, que son típicos de la llamada agricultura tradicional en muchas partes del mundo. La aplicación de métodos relativamente modernos de rotación de cultivos, así como de fertilizantes y pesticidas, por parte de los agricultores representa grandes avances "no naturales"

---

6. Lenin, "VIII Congreso de los Soviets de Toda Rusia", *Obras completas*, tomo 42, pág. 166.

que se han logrado en los últimos siglos, tanto para los seres humanos como para el medio ambiente en el que vivimos y trabajamos.

La historia de la agricultura capitalista combina los avances en la productividad del trabajo agrícola con el uso de métodos —destinados a aumentar al máximo las ganancias— que agotan y erosionan la tierra, contaminan las fuentes de agua y envenenan a los agricultores, trabajadores y consumidores. Marx escribió extensamente sobre estos problemas en *El capital*, en una época en que los grandes avances en el conocimiento de la química de la fertilidad de la tierra estaban permitiendo que los agricultores, al aplicar fertilizantes sintéticos, contrarrestaran el agotamiento de los campos de cultivo y aumentaran considerablemente su rendimiento. Los obreros fabriles en Gran Bretaña produjeron fertilizantes con "superfosfatos" por primera vez en 1843, y en las tres décadas siguientes se produjeron también en Alemania, Francia y Estados Unidos.

Marx respondió a varios de los primeros autores burgueses sobre agricultura quienes, dado "el estado de la química agrícola en su época", afirmaron incorrectamente que "no es posible invertir cualquier masa de capital que se quiera en un campo espacialmente limitado". Al contrario, dijo Marx en *El capital*, "la tierra, correctamente tratada, mejora de continuo". De hecho, la agricultura tiene una ventaja en este sentido sobre la producción fabril. La maquinaria nueva se deprecia con el uso, señaló, y las inversiones en nuevas técnicas industriales tienden a dejar obsoletas las mejoras anteriores. En cambio, la ventaja de la tierra consiste en que "sucesivas inversiones de capital pueden reportar mejoras sin que se pierdan las anteriores".[7]

Al mismo tiempo, Marx reconoció que la aplicación de

---

7. Marx, *El capital*, tomo III, vol. 8, pág. 993.

todos los avances científicos y técnicos bajo las relaciones sociales burguesas se ve afectada por la competencia de capitales destinada a aumentar las ganancias al máximo. En el siguiente capítulo de *El capital*, "Génesis de la renta capitalista de la tierra", señaló las consecuencias de la creciente dominación de la agricultura por el capital, que lleva a más y más pequeños agricultores al endeudamiento desesperado y los desplaza de la tierra. Este proceso, escribió Marx, "reduce la población agrícola a un mínimo en constante disminución, oponiéndole una población industrial en constante aumento, hacinada en las ciudades… como consecuencia de lo cual se dilapida la fuerza del suelo". Agregó Marx:

> La gran industria y la agricultura industrialmente explotada en gran escala operan de forma conjunta. Si en un principio se distinguen por el hecho de que la primera devasta y arruina más la fuerza de trabajo y por ende la fuerza natural del hombre, mientras que la segunda depreda en forma más directa la fuerza natural del suelo, en el curso ulterior de los sucesos ambas se estrechan la mano, puesto que el sistema industrial rural también extenúa a los obreros, mientras que la industria y el comercio, por su parte, procuran a la agricultura los medios para el agotamiento del suelo.[8]

En una sección de *El capital* titulada "La gran industria y la agricultura", Marx escribió:

> Los métodos de explotación más rutinarios e irracionales se ven remplazados por la aplicación consciente y tecnológica de la ciencia. El modo de

---

8. Marx, *El capital*, tomo III, vol. 8, pág. 1 034.

producción capitalista consuma el desgarramiento del lazo familiar originario entre la agricultura y la manufactura, el cual envolvía la figura infantilmente rudimentaria de ambas. Pero, al propio tiempo, crea los supuestos materiales de una síntesis nueva, superior, esto es, de la unión entre la agricultura y la industria.

Si bien el capitalismo "crea los supuestos materiales" para dicho avance, agregó Marx, la explotación despiadada de los seres humanos y de la naturaleza por las familias propietarias crea un obstáculo insuperable a esta unión y por ende al avance de la civilización. Escribió:

> Al igual que en la industria urbana, la fuerza productiva acrecentada y la mayor movilización del trabajo en la agricultura moderna se obtienen devastando y extenuando la fuerza de trabajo misma. Y todo progreso de la agricultura capitalista no es solo un progreso en el arte de esquilmar al obrero, sino también en el arte de esquilmar el suelo; todo avance en el acrecentamiento de la fertilidad de éste durante un lapso dado es un avance en el agotamiento de las fuentes duraderas de esa fertilidad… La producción capitalista, por consiguiente, no desarrolla la técnica y la combinación del proceso social de producción sino socavando, al mismo tiempo, los dos manantiales de toda riqueza: *la tierra y el trabajador*.[9]

Federico Engels, colaborador de Marx en la dirección del movimiento comunista por toda su vida, tam-

---

9. Marx, *El capital*, tomo I, vol. 2, págs. 612–13.

bién describió este proceso en muchos de sus escritos, incluido el artículo inconcluso de 1876, "El papel del trabajo en la transición del simio al hombre". Engels escribió:

> Cuando en Cuba los plantadores españoles quemaban los bosques en las laderas de las montañas para obtener con la ceniza un abono que solo les alcanzaba para fertilizar *una* generación de cafetos de alto rendimiento, ¡poco les importaba que las lluvias torrenciales de los trópicos barriesen la capa vegetal del suelo, privada de la protección de los árboles, y no dejasen tras de sí más que rocas desnudas! Con el actual modo de producción, y por lo que respecta tanto a las consecuencias naturales como a las consecuencias sociales de los actos realizados por los hombres, lo que interesa preferentemente son solo los primeros resultados, los más palpables. Y luego hasta se manifiesta extrañeza de que las consecuencias remotas de las acciones que perseguían esos fines resulten ser muy distintas y, en la mayoría de los casos, hasta diametralmente opuestas.[10]

El imperialismo, pirómano

El ejemplo que da Engels, tomado de los primeros años del capitalismo en el siglo XVIII y a principios del siglo XIX, sigue siendo una descripción muy acertada del carácter rapaz y destructivo del capital financiero internacional hasta el día de hoy. Hace recordar el discurso pronunciado en 1986, ante una conferencia internacional

---

10. Federico Engels, "El papel del trabajo en la transición del simio al hombre", en Marx y Engels, *Obras escogidas*, tomo III, pág. 78.

en París sobre árboles y bosques, por Thomas Sankara, dirigente del gobierno popular revolucionario que rigió de 1983 a 1987 en Burkina Faso, antigua colonia francesa en África occidental.

Sankara describió el "avance del desierto" en Burkina y varios otros países en el borde norte de África subsahariana. El agotamiento de la tierra —que progresa de un mes a otro, de un año a otro, por todo el continente— está contribuyendo al hambre, a las enfermedades y a la ruina económica y social de millones de personas. "He venido a unirme a ustedes para deplorar los rigores de la naturaleza", dijo Sankara en la conferencia, entre cuyos participantes estaban el presidente de Francia y otros altos funcionarios del gobierno imperialista. Pero también "he venido ante ustedes para denunciar al hombre cuyo egoísmo es causa de la desgracia de su prójimo. El pillaje colonialista ha diezmado nuestros bosques sin la menor idea de remplazarlos para nuestro porvenir". Sankara agregó:

> Continúa la perturbación impune de la biosfera por medio de incursiones salvajes y asesinas sobre la tierra y en el aire… Quienes tienen los medios tecnológicos para determinar culpabilidades no están interesados en hacerlo, y quienes están interesados no tienen los medios tecnológicos. No tienen más que su intuición y su convicción profunda.
>
> No estamos contra el progreso, pero no deseamos que el progreso se haga de forma anárquica y con negligencia criminal hacia los derechos de los demás. Queremos afirmar, por tanto, que la lucha contra la desertificación es una lucha para establecer un equilibrio entre

el hombre, la naturaleza y la sociedad. Por esta razón es, sobre todo, una lucha política y no una fatalidad…

Como dijo Carlos Marx, los que viven en un palacio no piensan en las mismas cosas, ni de la misma forma, que los que viven en una choza. Esta lucha para defender los árboles y los bosques es, ante todo, una lucha antiimperialista. El imperialismo es el pirómano de nuestros bosques y de nuestras sabanas.[11]

III

EL FOCO MÁS RECIENTE de la reacción de temor, ansiedad e ignorancia entre la clase media ante el desdén del capital hacia la vida y la naturaleza es la campaña casi histérica contra los alimentos cultivados con semillas a las cuales se les ha trasplantado una hebra de material genético, ADN, de otra especie de planta: los llamados organismos transgénicos u Organismos Genéticamente Modificados (OGM).

La humanidad ha estado modificando la composición genética de plantas y animales desde los albores de la agricultura y la domesticación. De otra forma no existirían el ganado, los cerdos, los caballos, los gatos y los perros que conocemos hoy día, ni las variedades de trigo, maíz, arroz, verduras, algodón y otros productos que usamos como alimentos o fibras. Sin embargo, estas modificaciones fueron el resultado de cruzamientos selectivos dirigidos a la producción de nuevas variedades y

---

11. Thomas Sankara, *Somos herederos de las revoluciones del mundo* (Nueva York: Pathfinder, 2004), págs. 95–97 [impresión de 2022].

características deseables. La producción de OGM implica la transferencia de genes de una especie a otra.

No hubo muchas protestas contra este tipo de método científico (y todavía mayormente no las hay) cuando se aplicó por primera vez a la producción de insulina —necesaria para el tratamiento de los diabéticos— en mayor cantidad y de mejor calidad de lo que se obtenía del método anterior de extraer la insulina del páncreas de cerdos y vacas. Tampoco hubo muchas protestas cuando se desarrolló una vacuna "biotécnica" contra la hepatitis B, así como otras numerosas medicinas que se han producido así en las últimas dos décadas. Sin embargo, ante la aplicación de la ingeniería genética a la agricultura en los últimos seis años, se ha alzado un creciente alboroto de diversos grupos ambientalistas y organizaciones de protesta afines, conforme han atraído a patrocinadores burgueses que promueven sus propios intereses acaudalados y a un buen número de adeptos de clase media.

Ya que la producción de OGM está dominada por enormes agroempresas norteamericanas, y las semillas de este tipo se siembran más extensamente en los campos de Estados Unidos, el tema se ha convertido en un balón político en la creciente competencia interimperialista por el control de los mercados entre Wall Street y Washington, por un lado, y sus rivales en Europa y Asia, por el otro. El príncipe Charles del Reino Unido se ha vuelto uno de los portavoces anti-OGM más conocidos en Europa. En un discurso en mayo de 2000 que recibió mucha publicidad, Su Alteza Real instó a redescubrir "la unidad y el orden esenciales del mundo físico y espiritual, como es el caso de la agricultura orgánica", así como a mejorar "los sistemas tradicionales de agricultura, que han pasado la importantísima prueba del tiempo".

(Cabe recordar que Su Alteza Real, la difunta princesa

Diana, contribuyó a impulsar otra campaña internacional que servía los intereses de la burguesía imperialista, ésta en apoyo a un tratado internacional contra el uso de las minas terrestres. El gobierno cubano ha rehusado firmar ese pacto, señalando correctamente que —frente a los gobiernos imperialistas, mucho más masivamente armados, que promueven el tratado y a sus incesantes guerras de conquista— las minas terrestres siguen siendo "las armas de los pobres".)

Las pancartas y los afiches con la demanda "¡Alto a los alimentos Frankenstein!" se han convertido en un aspecto típico de la mezcolanza de demandas proteccionistas, nacionalistas y antiempresariales reivindicadas por una gama de reformadores ambientalistas, funcionarios sindicales y agricultores temerosos de la creciente competencia monopolista, así como anarquistas y otras corrientes radicales pequeñoburguesas. Su clamor se ha escuchado frente a las sedes de las reuniones de asociaciones imperialistas tales como la Organización Mundial del Comercio, el Fondo Monetario Internacional y los gobiernos "G-8": de Seattle a Praga, Melbourne y Quebec; de Washington a Davos, Gotemburgo y Génova.

Por lo pronto, el principal uso de las semillas transgénicas en la agricultura ha sido para incrementar la resistencia de los cultivos a los insectos y a los herbicidas. Las semillas transgénicas permiten que los agricultores obtengan un mayor rendimiento con menos uso de pesticidas caros y tóxicos. También se están desarrollando semillas que reducen la necesidad de labranza y la consiguiente erosión de la tierra, que son más tolerantes a la sequía y que producen arroz y otros granos con mayor valor nutritivo.

Desde que se produjeron por primera vez cultivos transgénicos para el mercado a mediados de los años 90, se han desarrollado semillas OGM para maíz, algodón, calabaza, papa, canola (colza), soya y remolacha. Más de una quinta parte del maíz en Estados Unidos ahora proviene de estas semillas, y el uso de semillas transgénicas de soya es bastante mayor. La tierra sembrada con semillas transgénicas ha aumentado 20 veces a nivel mundial, casi exclusivamente en Estados Unidos, Canadá y Argentina.[12]

No hay pruebas de que perjudique

A pesar de lo estridente de las campañas contra la "contaminación genética", no se ha documentado un solo ejemplo en el mundo de un ser humano perjudicado por un alimento o una medicina que se produzca así. Tampoco hay un solo ejemplo de los tan temidos ejércitos de "supermalezas" que destruyan campos y ciénagas. Al contrario, por su origen, las plantas transgénicas dependen mucho del cuidado y del cultivo humanos; solas no se adaptan bien a la naturaleza "roja de dientes y garras".

La visión mundial que promueven diversos partidarios de la superioridad inherente de la agricultura "orgánica" no es neutral en cuanto a sus efectos sobre las condiciones y las perspectivas de liberación del pueblo trabajador, tanto en las naciones oprimidas de Asia, África y América Latina como en los países imperialistas. Por ejemplo, las organizaciones ambientalistas libraron una campaña exitosa contra el pesticida DDT —incuestionablemente

---

12. En 2003 la superficie global de tierra cultivada con OGM había aumentado 40 veces desde 1996: a 167 millones de acres (67.6 millones de hectáreas) cultivados por 7 millones de agricultores en 18 países. Para 2002 los granjeros en Estados Unidos cultivaban con semillas OGM el 75 por ciento de la soya, el 71 por ciento del algodón y el 34 por ciento del maíz. Los otros cinco países donde más tierra se sembraba con cultivos transgénicos eran Argentina, Canadá, Brasil, China y Sudáfrica.

tóxico— cuyo resultado grato fue que se dejó de usar por todo el mundo imperialista. Sin embargo, hoy día no se están dedicando energías o recursos comparables para hacer campaña contra diversos gobiernos y agencias imperialistas que se niegan a financiar el uso del DDT en unos 25 países semicoloniales donde —aplicado en dosis relativamente pequeñas— sigue siendo la manera más eficaz de controlar los mosquitos que propagan la malaria. Más de un millón de personas mueren cada año de esa enfermedad a nivel mundial, sobre todo niños. Algunas variedades de esta enfermedad reaparecen a lo largo de la vida entre personas "curadas".

El capitalismo contamina

Como sucede con todo lo creado por el trabajo humano, los explotadores capitalistas utilizan los productos de la ciencia y la tecnología para aumentar al máximo sus ganancias individuales y no para satisfacer las necesidades sociales. Sin la movilización política independiente del movimiento obrero y sus aliados para luchar por el poder político, los patrones, sus gobiernos y sus partidos políticos actúan con completa negligencia hacia las consecuencias para la salud humana, la seguridad y el medio ambiente.

Puesto que "los capitalistas producen o cambian con el único fin de obtener beneficios inmediatos", escribió Engels en 1876, solo "pueden ser tenidos en cuenta, primeramente, los resultados más próximos y más inmediatos. Cuando un industrial o un comerciante vende la mercancía producida o comprada por él y obtiene la ganancia habitual, se da por satisfecho y no le interesa en lo más mínimo lo que pueda ocurrir después con esa mercancía y su comprador".[13]

---

13. Engels, "El papel del trabajo en la transición del simio al hombre", Marx y Engels, *Obras escogidas*, tomo III, pág. 78.

Esto sucede independientemente de que la mercancía sea un Ford Explorer, jugo de manzana orgánico Odwalla, un pedazo de carbón de la A.T. Massey, un Boeing 757, un grano de soya transgénica o una mazorca de maíz híbrido producido por cruzamientos hace un siglo o más. En todos estos casos, la salud y la seguridad de los trabajadores, los agricultores y el público en general se ven sacrificados en el altar de las ganancias, con poca "inspección" y "regulación" por parte de agencias de un gobierno que representa los intereses de clase del capital.

'Policía de semillas'

El mayor problema social planteado por el advenimiento de las semillas OGM es el menos destacado por la prensa capitalista o por la mayor parte de los que se oponen a la modificación genética. Esta innovación la usan los grandes monopolios capitalistas tales como Monsanto, Pioneer, Dow y otros para intensificar la explotación de los pequeños agricultores.

Frente a la competencia con los agricultores capitalistas, los pequeños productores no pueden prescindir de nuevos métodos y tecnologías que reduzcan sus horas (y cargas) de trabajo y sus costos materiales. Un pequeño agricultor que quiera seguir trabajando la tierra o criando ganado no tiene la opción de usar caballos en lugar de tractores, de no usar una cosechadora o combinada moderna, de no usar fertilizantes y pesticidas o de sembrar semillas de bajo rendimiento. Por eso más y más agricultores en Estados Unidos están usando semillas transgénicas. Pero al hacerlo pagan un precio social considerable. Para comprar la semilla tienen que firmar convenios legalmente obligatorios con Monsanto, Pioneer y otros monopolios según los cuales no usarán la semilla que resulte de la cosecha para su próxima siembra y que no venderán esa semilla a otros agricultores. Así el agricultor está obligado por contrato a regresar a la misma compañía al año siguiente para comprar más semilla patentada si quieren sembrar el mismo cultivo. Empresas gigantes como la Monsanto mandan inspectores —la "policía de semillas"— para que tomen muestras de las cosechas de los agricultores para hacer cumplir estos contratos. La Monsanto ha puesto anuncios en las revistas agrícolas advirtiendo a cualquiera que viole estas condiciones de que "comete un acto de piratería que podría costarle a un agricultor cientos de dólares por acre en pagos en efectivo y gastos legales, además de muchos años de inspecciones de la finca y de los libros de contabilidad". En 1998 la Monsanto anunció que ya había entablado 475 demandas por "piratería de semillas" a nivel nacional y estaba investigando otros 250 casos basados en unas 1 800 "pistas" en 20 estados norteamericanos. La compañía había ganado demandas judiciales en Estados Unidos con indemnizaciones que oscilaban entre 10 mil y 35 mil dólares, llevando a agricultores ya muy endeudados al borde de la insolvencia y a la venta hipotecaria de sus fincas. En Canadá, para mediados de 1999, la Monsanto había logrado acuerdos fuera de la corte en ocho casos y perseguía otros más. Este monopolio de granos ganó una demanda judicial contra un productor de canola en Saskatchewan cuya cosecha, según se determinó, incluía plantas que habían crecido de semillas traídas por el viento de un campo vecino.[14]

---

14. En mayo de 2004 la Corte Suprema de Canadá ratificó la demanda de la Monsanto contra el granjero pero le denegó indemnización a la compañía. En Estados Unidos, para 2004, unas 100 demandas entabladas por la Monsanto habían ido a juicio, y los

Los monopolios agropecuarios también están patentando plantas cuyas semillas no pueden germinar: ¡una cosecha de mulas!

Leyes del sistema del mercado

Pero estas consecuencias de la compra de semillas transgénicas de proveedores capitalistas tampoco representan algo especial. Son una de las múltiples formas en que los pequeños agricultores se ven exprimidos entre los crecientes precios de los insumos que tienen que comprar de los dueños de un grupo de trusts capitalistas, por un lado, y, por el otro, la presión depresiva que otros monopolios ejercen sobre los precios que reciben por sus granos, su ganado, su leche y otros productos.

Esta es otra consecuencia más de las leyes del sistema del mercado capitalista que más y más fomentan la llamada "agricultura por contrato", la cual, especialmente en los centros imperialistas, ata a los productores de cerdos, pollos, ganado y diversas hortalizas y legumbres a las grandes corporaciones que dictan cada aspecto de sus métodos y a las cuales están obligados a vender sus productos a precios fijos. En breve, el creciente uso de las semillas modificadas genéticamente es un factor más que está acelerando la proletarización implacable de una capa tras otra de pequeños agricultores, tanto en Norteamérica como a nivel mundial.

Pero la oposición a los avances de la ciencia agrícola no beneficia de ninguna manera los intereses de los pequeños agricultores y de sus aliados en el movimiento obrero, como tampoco les benefició a los trabajadores a principios del siglo XIX el oponerse a la introducción del

---

tribunales le habían otorgado a la compañía indemnizaciones de un promedio de 100 mil dólares por cada granjero.

telar mecánico y otra maquinaria. "Si bien las máquinas son el medio más poderoso de acrecentar la productividad del trabajo, esto es, de reducir el tiempo de trabajo necesario para la producción de una mercancía", escribió Marx en *El capital*, "en cuanto agentes del capital en las industrias de las que primero se apoderan, se convierten en el medio más poderoso de prolongar la jornada de trabajo más allá de todo límite natural".[15]

Estos nuevos instrumentos "que ahorran trabajo" no solo permiten que los capitalistas prolonguen las horas de trabajo, intensifiquen el ritmo de producción y echen a la calle a trabajadores empleados, señaló Marx, sino que el trabajo fabril "a la vez reprime el juego multilateral de los músculos y confisca toda actividad libre, física e intelectual, del obrero. Hasta el hecho de que el trabajo sea más fácil se convierte en medio de tortura, puesto que la máquina no libera del trabajo al obrero, sino de contenido a su trabajo".[16] Por eso, explicó Marx, a principios del siglo XIX algunos trabajadores organizaron lo que se llegó a conocer como el movimiento luddista y asaltaron talleres, destruyendo las máquinas recién introducidas.

"Se requirió tiempo y experiencia antes que el obrero distinguiera entre la maquinaria y su empleo capitalista", escribió Marx, "aprendiendo así a transferir sus ataques, antes dirigidos contra el mismo medio material de producción, a la forma social de explotación de dicho medio".[17] Aún requiere tiempo y experiencia y liderazgo proletario.

---

15. Marx, *El capital*, tomo I, vol. 2, págs. 490–91.
16. *Ibídem*, págs. 515–16.
17. *Ibídem*, pág. 523.

IV

Los gobernantes de Estados Unidos no solo son los principales banqueros y manufactureros del capitalismo global, sino que están a la cabeza del mundo imperialista en cuanto la producción y exportación agropecuarias. Los voceros nacionalistas de la burguesía norteamericana, desde los agricultores capitalistas hasta los monopolios de granos y agencias estatales, proclaman el "milagro de la agricultura americana".

"Los agricultores americanos cultivan los alimentos que ayudan a alimentar al mundo", afirma el Departamento de Agricultura de Estados Unidos (USDA).

"Los agricultores y ganaderos están en condiciones de alimentar al mundo en el siglo XXI", dice el presidente de la Federación del Buró Agrícola (Farm Bureau Federation), grupo dominado por capitalistas.

"Nuestra misión es alimentar y nutrir a una creciente población mundial", dice el sitio web del gigantesco productor de granos Archer Daniels Midland. Y su principal competidor, Cargill, habla de "ayudar al agricultor a cultivar una variedad de productos para alimentar un mundo creciente".

La Asociación Americana de la Soya organizó recientemente una campaña de enviar tarjetas postales al USDA en torno a la consigna "el excedente de soya de América puede alimentar a un mundo hambriento".

Lo primero que hay que observar en estas declaraciones chovinistas es que simplemente son mentiras. "América" (Estados Unidos) —esa ficción sin clases detrás de la cual un puñado de familias propietarias norteamericanas oculta su dominio sobre las fuerzas armadas, la policía, los tribunales y demás instituciones del estado capitalista basado en Washington— no alimenta al mundo. Por ejemplo, en 1998 los 25 países que, según la Organización de Naciones Unidas para la Agricultura y la Alimentación, tienen los mayores niveles de desnutrición del mundo recibieron menos del 0.03 por ciento de la soya exportada de Estados Unidos ¡y en 1996 no recibieron nada! Asimismo, en 1996 recibieron menos del 0.3 por ciento del maíz exportado de Estados Unidos.

En todo caso ¿qué significa "alimentar el mundo" cuando según las cifras de la ONU casi el 50 por ciento de los niños menores de cinco años en el Asia del sur son de peso insuficiente? ¿Casi la tercera parte en África subsahariana? ¿Más del 15 por ciento en el Medio Oriente, Asia oriental y el Pacífico? ¿Casi el 10 por ciento en América Latina y el Caribe? ¿Qué significa cuando en Estados Unidos mismo, según el Departamento de Agricultura norteamericano, se calcula que 10 millones de personas padecen hambre y otras 21 millones de personas se ven privadas durante parte de cada año de "alimentos suficientes para tener una vida activa y sana"?

A los pequeños productores tampoco les va muy bien bajo el imperio de las leyes de movimiento del capital, ni en Estados Unidos ni en el resto del mundo. Según un estudio emitido en junio de 2001, unas 33 mil fincas en Estados Unidos se han ido a la quiebra desde principios de los años 90. Durante esos años, los precios que reciben los productores de maíz en México bajaron a menos de la mitad del nivel anterior, lo cual obligó a muchos más a abandonar la tierra. Al mismo tiempo, los granjeros en Canadá sufrieron una baja del 20 por ciento en sus ingresos netos entre 1989 y 1999.

En cambio, les ha ido mucho mejor a los monopolios de granos que dominan los mercados de alimentos en Estados Unidos y el mundo. Por ejemplo, entre mediados de los años 70 y el comienzo del siglo XXI, los precios de los alimentos que pagan los consumidores en Estados Unidos se dispararon, aumentando en un 250 por ciento, mientras que los precios recibidos por los agricultores en términos reales en ese mismo período se han estancado o han bajado. Por eso no ha de asombrar que la Archer Daniels Midland haya reportado ganancias de más de 300 millones de dólares tras impuestos, mientras que la Cargill se embolsó 683 millones de dólares.[18]

El ejemplo de Cuba

Al contrario de las declaraciones del USDA, del Buró Agrícola y las agroempresas estadounidenses, no es la agricultura capitalista norteamericana la que muestra el camino hacia el futuro para el pueblo trabajador del mundo, ni la que demuestra cómo la ciencia y la tecnología pueden utilizarse para alimentar a la humanidad y satisfacer las necesidades sociales más amplias. Al contrario, el único ejemplo en el mundo de hoy son los trabajadores y agricultores que están impulsando la revolución socialista en Cuba. Hace más de cuatro décadas, el gobierno revolucionario en Cuba expropió a los terratenientes capitalistas y nacionalizó la tierra, garantizando así a los agricultores el derecho de trabajarla por el tiempo que quisieran. Ningún agricultor en Cuba puede perder su tierra por juicio hipotecario o por venta forzosa para pagar deudas. El gobierno socialista continúa ofreciendo créditos baratos a los agricultores y también una inapre-

---

18. Esta tendencia ha continuado. Las ganancias tras impuestos de la ADM y ConAgra crecieron en un 18 por ciento y un 23 por ciento, respectivamente, entre 2000 y 2002, mientras que el ingreso agrícola neto en Estados Unidos bajó en un 26 por ciento durante el mismo período y el monto total de la deuda agrícola aumentó en un 9 por ciento.

"La lección más importante que se puede aprender de Cuba no es acerca de técnicas agrícolas. Es acerca de lo que los trabajadores y agricultores podemos lograr cuando organizamos una lucha victoriosa por el poder estatal y utilizamos nuestros logros para sumarnos a la lucha internacional por el socialismo".

DERECHA: Cuba revolucionaria desarrolló la primera combinada mecánica para el corte de la caña de azúcar, liberando a cientos de miles de campesinos de esa labor deslomadora. La foto muestra a Ernesto Che Guevara, entonces ministro de industrias, probando el primer prototipo de la combinada, Cuba, 1963.

Alberto Korda

ABAJO: Frente a las presiones imperialistas, el pueblo trabajador ha iniciado huertas urbanas por toda Cuba para brindar hortalizas y frutas frescas a escuelas, hospitales, comedores en centros de trabajo y la población en general. Aquí se muestra uno de los organopónicos en La Habana, 2003.

Granma

ciable ayuda técnica para facilitar un esfuerzo colectivo en la tierra.

Uno de los logros de los cuales los agricultores y trabajadores cubanos con mucha razón están muy orgullosos es la mecanización de la zafra azucarera. Nunca antes se había construido tal maquinaria en ninguna parte del mundo, ya que en todo el mundo capitalista las brigadas de trabajo agrícola para esta tarea deslomadora eran muy numerosas y por lo tanto sus salarios eran desesperadamente bajos. A los dueños de las plantaciones y a otros finqueros capitalistas les resultaba más rentable obligar a estos trabajadores a servirles durante la zafra y dejarlos sin trabajo o ingresos estables durante el "tiempo muerto", que a veces duraba hasta nueve meses del año.

En cambio, el gobierno revolucionario de Cuba comenzó a organizar la producción en el campo y en las ciudades de acuerdo a las necesidades del pueblo trabajador y no para aumentar al máximo las ganancias de los grandes terratenientes y capitalistas. Desde un principio, la mecanización de la zafra fue una de sus metas fundamentales, dijo el presidente cubano Fidel Castro en su informe al primer congreso del Partido Comunista de Cuba en diciembre de 1975. "No se podía seguir contando con un ejército de desempleados en el país, que había ascendido de 600 mil en 1953 a 700 mil en 1958, parte del cual hacía la zafra trabajando cuatro meses al año", dijo Castro. Agregó:

> Ese método de producción azucarera era típicamente capitalista y solo en las condiciones infrahumanas del sistema [bajo el régimen de Batista, apoyado por Washington] podía funcionar. Pero el país carecía de industria mecánica y la técnica de mecanización de la cosecha en nuestras

condiciones estaba absolutamente en pañales. Tales máquinas sencillamente no habían sido diseñadas ni construidas por la industria moderna. El Che [Guevara] fue uno de los mayores inspiradores de este esfuerzo.

El gobierno revolucionario le dio máxima prioridad al diseño de varias combinadas cada vez más eficientes, y empezó a construirlas, estimulando la industrialización del país. Cuba también otorgó una licencia a una compañía alemana para producir estas combinadas; ya para 1989 había vendido cientos de equipos a clientes en 44 países. A principios de los años 80, estaba ya mecanizada más de la mitad de la zafra azucarera en Cuba, como también casi todo el recogido. Los trabajadores cañeros también usan máquinas para la limpia de los cañaverales, permitiéndoles realizar otras tareas con un esfuerzo menos deslomador.

Desde la crisis económica que los golpeó tan duramente a principios de los años 90, los trabajadores y campesinos cubanos han tenido que mantener la producción agropecuaria a pesar de los recursos reducidos. Pero han aplicado su creatividad usando todo lo que tienen disponible —sea un tractor o una yunta de bueyes, el preciado fertilizante importado o un residuo de la refinación del azúcar— para organizar el trabajo en las ciudades y el campo a fin de proveer de alimentos y ropa a la población y mantener la trayectoria política proletaria e internacionalista de la revolución.

La tarea: hacer una revolución

Ese logro subraya la realidad de que la lección más importante que pueden aprender en Cuba los agricultores, trabajadores y jóvenes visitantes del extranjero no es acerca de técnicas agrícolas, sean orgánicas o de otra índole. Es lo que los trabajadores y agricultores podemos lograr en cualquier parte del mundo cuando organizamos una victoriosa lucha revolucionaria por el poder estatal y usamos nuestras conquistas para sumarnos a la lucha internacional por el socialismo.

El dirigente comunista Ernesto Che Guevara dijo una vez a un encuentro de estudiantes de medicina en Cuba que "para ser médico revolucionario… lo primero que hay que tener es revolución". Eso, dijo Guevara, es la "cosa fundamental" que él como joven médico había llegado a comprender un lustro antes, cuando decidió incorporarse a la guerra revolucionaria para liberar a Cuba de la bota de la opresión imperialista y explotación capitalista.[19] Lo mismo es cierto en el caso de un agricultor revolucionario o de un trabajador revolucionario: la "cosa fundamental" es unirse al movimiento proletario para hacer una revolución y convertirse en un militante disciplinado entre sus filas.

Federico Engels hizo un planteamiento similar hace casi un siglo en su artículo sobre "El papel del trabajo en la transición del simio al hombre". A cada paso del avance de la sociedad, escribió, "los hechos nos recuerdan que nuestro dominio sobre la naturaleza no se parece en nada al dominio de un conquistador sobre el pueblo conquistado, que no es el dominio de alguien situado fuera de la naturaleza, sino que nosotros, por nuestra carne, nuestra sangre y nuestro cerebro, pertenecemos a la naturaleza, nos encontramos en su seno, y todo nuestro dominio sobre ella consiste en que, a diferencia de los demás seres, somos capaces de conocer sus leyes y de

---

19. Ernesto Che Guevara, *Che Guevara habla a la juventud* (Nueva York: Pathfinder, 2000), pág. 55 [impresión de 2013].

aplicarlas correctamente". Sin embargo, para hacer esto "se requiere algo más que el simple conocimiento", dijo Engels. "Hace falta una revolución que transforme por completo el modo de producción existente hasta hoy día y, con él, el orden social vigente".[20] Es por esa vía que los trabajadores y agricultores alcanzarán la meta hacia la que marchan inevitablemente: la dictadura del proletariado. Esto, a su vez, abrirá el camino para avanzar hacia el objetivo consciente que describe el Manifiesto Comunista como una "combinación de la agricultura y la industria" mediante la "desaparición gradual de las diferencias entre la ciudad y el campo". Será entonces que, parafraseando el Manifiesto, la humanidad descubrirá realmente las inmensas "fuerzas productivas que dormitan en el seno del trabajo social".[21]

---

20. Marx y Engels, *Obras escogidas*, tomo III, págs. 76–77.

21. Marx y Engels, *El manifiesto comunista* (Nueva York: Pathfinder, 1992), págs. 37, 58.

Nueva Internacional
UNA REVISTA DE POLÍTICA Y TEORÍA MARXISTAS

NUEVA INTERNACIONAL Nº 6
Ha comenzado el invierno largo y caliente del capitalismo
JACK BARNES

Explica que la crisis capitalista global de hoy es la etapa inicial de décadas de convulsiones económicas, financieras y sociales y de batallas de clases. Los trabajadores con conciencia de clase necesitamos trazar un curso revolucionario para afrontar esta coyuntura histórica del imperialismo. US$14. También en inglés, francés, persa, árabe y griego.

NUEVA INTERNACIONAL Nº 2
Che Guevara, Cuba y el camino al socialismo
ERNESTO CHE GUEVARA, CARLOS RAFAEL RODRÍGUEZ
CARLOS TABLADA, MARY-ALICE WATERS, STEVE CLARK
JACK BARNES

Intercambios de los primeros años de la Revolución Cubana y actuales sobre las perspectivas políticas que Che Guevara reivindicó al ayudar a dirigir al pueblo trabajador a impulsar la transformación de las relaciones económicas y sociales en Cuba. US$14. También en inglés.

NUEVA INTERNACIONAL Nº 5
El imperialismo norteamericano ha perdido la Guerra Fría
JACK BARNES

El colapso de los regímenes en Europa Oriental y la URSS, que se autodenominaban comunistas, no significó que los trabajadores y agricultores ahí fueron derrotados. En los actuales conflictos y guerras capitalistas, estos trabajadores se han sumado a otros en el mundo en la lucha de clases contra la explotación. US$14. También en inglés, francés, persa y griego.

PATHFINDERPRESS.COM

LA REVOLUCIÓN RUSA Y LA LUCHA CONTRA LA OPRESIÓN NACIONAL

La última lucha de Lenin
Discursos y escritos, 1922–23
V.I. LENIN

En 1922 y 1923, V.I. Lenin, dirigente central de la primera revolución socialista, libró su última batalla política, lucha que tras su muerte se perdió. Lo que estaba en juego era si esa revolución, y el movimiento comunista internacional que esta dirigía, mantendría el curso proletario que había llevado al poder a los trabajadores y campesinos en octubre de 1917. US$17. También en inglés, persa y griego.

La revolución traicionada
¿Qué es y adónde va la Unión Soviética?
LEÓN TROTSKY

En 1917 los trabajadores y campesinos de Rusia hicieron una de las revoluciones más profundas de la historia. Sin embargo, al cabo de 10 años, una capa social privilegiada, cuyo principal vocero era José Stalin, ya consolidaba una contrarrevolución política. Este estudio ilumina el origen del desmoronamiento de la burocracia soviética y los conflictos que se van agudizando en las ex repúblicas de la Unión Soviética. US$17. También en inglés, persa y griego.

La alianza de la clase obrera y del campesinado
V.I. LENIN

Desde los primeros años del movimiento marxista en Rusia, Lenin luchó para forjar una alianza obrero-campesina, necesaria para desarrollar una dirección proletaria para la revolución democrática y así poder iniciar la revolución socialista. US$17.95

The History of the Russian Revolution

(La historia de la Revolución Rusa)

LEÓN TROTSKY

Cómo el Partido Bolchevique, bajo el liderazgo de Lenin, dirigió a millones de trabajadores y campesinos a derrocar el poder estatal de los latifundistas y capitalistas en 1917, y a llevar al poder un gobierno que promovía sus propios intereses de clase a nivel nacional y mundial. Escrito por uno de los dirigentes centrales de esa revolución socialista. Edición completa en inglés, 3 tomos en uno. US$30. También en francés y ruso.

To See the Dawn
Baku, 1920—First Congress of the Peoples of the East

(Para ver el amanecer. Bakú, 1920: Primer Congreso de los Pueblos de Oriente)

¿Cómo pueden librarse de la explotación imperialista los campesinos y trabajadores del mundo colonial? ¿Cómo pueden superar las divisiones nacionales, religiosas y de otra índole atizadas por las clases dominantes y luchar por sus intereses de clase comunes? Conforme resonaba el ejemplo de la Revolución de Octubre por el mundo, los 2 mil delegados a este congreso debatían estos problemas. En inglés. US$17

Lenin's Struggle for a Revolutionary International
Documents, 1907–1916; The Preparatory Years

(La lucha de Lenin por una Internacional revolucionaria; Documentos, 1907–1916: Los años preparatorios)

En inglés. US$30

PATHFINDERPRESS.COM

MÁS LECTURA

America's Revolutionary Heritage
Marxist Essays
(La herencia revolucionaria de Estados Unidos: Ensayos marxistas)
GEORGE NOVACK

Una explicación materialista de la Revolución Norteamericana, la Guerra Civil y la Reconstrucción Radical, el genocidio contra los indígenas, el ascenso del imperialismo norteamericano, la primera ola de luchas por los derechos de la mujer y mucho más. En inglés. US$23

Revolutionary Continuity
Marxist Leadership in the U.S.
(Continuidad revolucionaria: Liderazgo marxista en EEUU)

Los primeros años, 1848–1917
Nacimiento del movimiento comunista, 1918–1922
FARRELL DOBBS

"Generaciones sucesivas de revolucionarios proletarios han participado en los movimientos de la clase trabajadora y sus aliados… Los marxistas de hoy no solo debemos rendirles homenaje por sus acciones. Tenemos el deber de aprender de lo que hicieron mal y lo que hicieron bien para no repetir sus errores." —*Farrell Dobbs*. Dos tomos en inglés, US$17 cada uno.

La lucha por un partido proletario
JAMES P. CANNON

"Los trabajadores de Estados Unidos tienen fuerza suficiente para tumbar la estructura del capitalismo aquí en este país y para levantar con ellos al mundo entero cuando se yergan". Folleto de la serie Educación para Socialistas. US$8. También en inglés y persa.

La historia del trotskismo americano, 1928–38
Informe de un partícipe
JAMES P. CANNON

"El trotskismo no es un nuevo movimiento, una nueva doctrina, sino la restauración, el renacimiento del marxismo genuino tal como se expuso y se practicó en la Revolución Rusa y en los primeros días de la Internacional Comunista", dice Cannon, dirigente fundador del movimiento comunista en EEUU. US$17. También en inglés y francés.

Malcolm X habla a la juventud

"La joven generación de blancos, negros, morenos y demás: ustedes viven en tiempos de revolución", dijo Malcolm X en diciembre de 1964. "Yo me sumaré a quien sea, no me importa de qué color seas, siempre que quieras cambiar la situación miserable que existe en este mundo". Cuatro charlas y entrevistas que Malcolm dio en los últimos meses de su vida. US$12. También en inglés, francés, persa y griego.

The Transitional Program for Socialist Revolution
(El programa de transición para la revolución socialista)
LEÓN TROTSKY

El programa del Partido Socialista de los Trabajadores, redactado por Trotsky en 1938, sigue guiando al PST y a comunistas por todo el mundo. El partido "combate intransigentemente a todas las agrupaciones políticas que están atadas a las faldas de la burguesía. Su tarea: la abolición del dominio capitalista. Su objetivo: el socialismo. Su método: la revolución proletaria". En inglés y persa. US$17

PATHFINDERPRESS.COM

EL CAPITALISMO, EL TRABAJO Y LA TRANSFORMACIÓN DE LA NATURALEZA

Luego de la publicación en el *Militant* en agosto de 2001 de la serie de cuatro partes por Steve Clark, reproducida en las páginas anteriores, Richard Levins, profesor de ciencias demográficas e investigador en la Facultad de Salud Pública de Harvard, remitió al periódico un artículo en que tocaba varios de los temas planteados en la serie. Levins participa activamente en la Coalición 26 de Julio, una organización de solidaridad con Cuba en el área de Boston, y trabaja con el Instituto de Ecología y Sistemática del Ministerio de Ciencia, Tecnología y Medio Ambiente de Cuba.

Al artículo de Levins, publicado aquí por primera vez, le siguen una réplica de Clark y dos comentarios finales. Las notas son responsabilidad de *Nueva Internacional*.

UN CRÍTICO 'DE IZQUIERDA' DE LA AGRICULTURA ORGÁNICA

por Richard Levins

LA SERIE DE CUATRO ARTÍCULOS por Steve Clark aborda varias cuestiones sobre el capitalismo, el imperialismo y la agricultura sobre las cuales todos fácilmente podemos estar de acuerdo. Sin embargo, su polémica se enfoca en oponerse a la agricultura orgánica y en rechazar la sugerencia de que la adopción de la misma en Cuba pueda ser algo más que una medida de emergencia. Lo que motivó la polémica en parte fue una carta de Karl Butts, a quien le preocupaba que el final de un artículo anterior en el *Militant* parece darle "cierto peso político al concepto de que la producción orgánica es preferible a la producción en que se utilizan 'químicos'", y que los lectores "también podrían sacar la conclusión de que Cuba por lo general prefiere no utilizar químicos en la producción agropecuaria".

Creo que Clark lo entendió todo mal, tanto en lo práctico —en términos de las verdaderas ventajas técnicas de la agricultura ecológica— como en lo teórico.

La adopción de métodos ecológicos (y más específicamente orgánicos) de producción de alimentos en Cuba comenzó antes del Período Especial; de otra manera su

rápida expansión no habría sido posible. Comenzó como proyectos experimentales en varias instituciones porque los investigadores se dieron cuenta que la agricultura "moderna" de alta tecnología:
- socavaba su propia base productiva mediante la erosión, compactación y salinización del suelo, reduciendo la materia orgánica del suelo y su capacidad de fijación de nitrógeno, aumentando la necesidad del riego;
- aumentaba la vulnerabilidad ante las plagas y las enfermedades, requiriendo dosis cada vez más grandes y frecuentes de pesticidas;
- aumentaba la vulnerabilidad ante las incertidumbres del estado del tiempo y de la economía;
- envenenaba a los agricultores y trabajadores agrícolas (por ejemplo, el cáncer cerebral es más frecuente en zonas donde se usa el herbicida atrazina);
- contaminaba las aguas subterráneas y el suelo; y
- hacía que la finca dependiera de los insumos externos.

En muchos y diversos centros de investigación se emprendieron proyectos de manejo ecológico de plagas, policultivo, biofertilización, reciclaje de desechos agrícolas, integración de cultivos y ganado y el rediseño de aperos y maquinaria agrícolas. Esto no es "rechaz[ar] los avances de la química y tecnología agropecuarias a favor de los llamados métodos naturales o tradicionales en la agricultura". Es una actividad moderna, científica y dialéctica de creación del conocimiento, en la cual se aplica y se pone a prueba de manera crítica el conocimiento de los campesinos junto con métodos modernos experimentales, de observación y matemáticos. Cuando llegó el Período Especial, teníamos al menos un punto de partida para una nueva tecnología. Y no cabe duda que ésta salvó la revolución. ¿Pero continuará esto? ¿Es una segunda mejor opción improvisada que ha sido impuesta por la crisis económica, según opina Clark, o es un mejor sistema de producción? Nilda Pérez y Luis Vázquez, en un libro de próxima publicación sobre la agricultura cubana, tratan esto:

> Numerosas personas están preguntándose cuál será el futuro del manejo ecológico de plagas en el país, una vez que éste salga de la crisis económica de principios de los 90. Algunos piensan que en la medida en que más recursos monetarios estén disponibles para la compra de plaguicidas en el mercado internacional, Cuba tendría mayores posibilidades de volver a la dependencia de los químicos, y hasta les parece lógico que el programa que actualmente se implementa para acelerar la reducción en el uso de plaguicidas sea simplemente una forma de mantener la producción en el plazo corto, mientras mejoran las condiciones económicas que permitan volver a comprar plaguicidas. Otros, y no son pocos, hacen un análisis bien diferente, en el que tienen en cuenta los aspectos económicos, sociales, de salud y medioambientales del manejo de plagas, concluyendo que el modelo de MIP [manejo integrado de plagas—RL] con enfoque agroecológico es, simplemente, mejor... A la luz de estos hechos, es muy difícil sostener que Cuba deba volver al modelo anterior de aplicaciones por calendario de los 60 y principios de los 70, o al nivel de dependencia (de químicos) de los 80.[1]

---

1. El libro se editó después. Fernando Funes, Luis García, Martín Bourque, Nilda Pérez y Peter Rosset, editores, *Sustainable Agriculture and Resistance: Transforming Food Production in Cuba*

En 1997 el Ministerio de Ciencia, Tecnología y Medio Ambiente en Cuba organizó un taller nacional de consulta "Río+5" para evaluar cómo Cuba cumplía los acuerdos de Río (Agenda 21) sobre el medio ambiente.[2] Para cada aspecto del plan ambiental nacional —por ejemplo, el plan para resistir la desertificación, el desarrollo sostenible en las regiones montañosas y la agricultura sostenible— se enumeraron los logros, se identificaron las dificultades y se hicieron propuestas. Un obstáculo al desarrollo de la agricultura sostenible era "la existencia de la opinión, a distintos niveles, que la práctica de una agricultura sostenible es solo una consecuencia del Período Especial y que está destinada a desaparecer cuando las limitaciones actuales lo hagan posible y se retornará a usos elevados de fertilizantes, pesticidas, mecanización, etcétera". Por tanto, había personas que compartían los criterios de Clark, pero esto ya se consideraba retrógrado al menos para mediados de los años 90.

¿Qué hace de la agroecología un mejor modelo? Al contrario de lo que argumentan los partidarios de la alta tecnología, es económica. Por ejemplo, una comparación de los costos del control biológico y químico de plagas en Cuba demostró que en las cosechas hortícolas el con-

---

(Agricultura sostenible y resistencia: transformando la producción de alimentos en Cuba; Oakland, Calif.: Food First Books, 2002).—Editores.

2. La Conferencia de Naciones Unidas sobre el Medio Ambiente y el Desarrollo —o la Cumbre de la Tierra— celebrada en 1992 en Río de Janeiro, Brasil, adoptó un plan de acción denominado Agenda 21. En 1997 los gobiernos que participaron en la Cumbre de la Tierra organizaron conferencias para evaluar la realización de estas metas durante los cinco años anteriores; a menudo se les denominaba los encuentros "Río+5".—Editores.

trol biológico costaba más o menos una tercera parte del costo del control químico, en los pastos una octava parte, en el plátano una décima parte, en el arroz una tercera parte.

EL CONTROL BIOLÓGICO incluye la cría y diseminación de insectos, hongos y bacterias beneficiosos; la aplicación de extractos botánicos, la mejora de los enemigos naturales locales de las plagas y otros métodos. Una explicación del rendimiento económico es que, mientras que la fumigación se tiene que repetir regularmente, una vez que se introducen hormigas a una plantación bananera, éstas se propagan por la finca en aproximadamente seis semanas y luego protegen la cosecha por lo menos tan bien como la fumigación repetida. Aún queda un margen para lograr una mayor reducción de costos conforme pasamos de la sustitución de insumos al diseño de ecosistemas.

El policultivo (cultivo mixto) de diferentes tipos de plantas en el mismo terreno se hace, en parte, para el control de plagas, pero también tiene otras ventajas y en las combinaciones correctas es más productivo que el monocultivo. Representamos este aumento de productividad con la LER (*land equivalency ratio* o relación equivalente de tierra), la cantidad de tierra necesaria en el monocultivo para obtener el mismo rendimiento que una hectárea de policultivo. Por ejemplo, una hectárea de cultivo mixto de mandioca, tomate y maíz rinde casi tanto como dos hectáreas de estos cultivos sembrados por separado. Por último, quiero citar la integración de animales con cultivos. Por ejemplo, un grupo de 7 a 13 ovejas que pasten en una hectárea de naranjos producen entre 343 y 596 kilos de peso vivo sin dañar la producción de cítricos, mientras que los caballos pueden desempeñar un papel importante en la contención de maleza entre los cítricos. Los gansos no funcionaron bien, pues picoteaban las hojas de los árboles jóvenes.

Estudios en Estados Unidos y otros países también demuestran que los métodos orgánicos son en general al menos tan buenos como los de alta tecnología, especialmente cuando el estado del tiempo es desfavorable.

AL CONTRARIO del concepto capitalista de la eficiencia mediante monocultivos especializados, el futuro de la agricultura cubana será un mosaico de usos de tierra en el cual cada área, además de brindar productos cosechables, contribuya a la producción de otras áreas. Los bosques rinden madera, miel y nueces; modulan el flujo del agua de tal manera que se reduce la dependencia de bombear agua de regadío; sirven de refugio para insectos, pájaros y murciélagos beneficiosos; y crean microclimas especiales en sus linderos a una distancia de aproximadamente 10 veces la altura de los árboles. Los pastizales producen ganado pero también retardan la erosión en comparación con los cultivos en surco, producen abono y alojan enjambres de polinizadores y depredadores, etcétera. El tamaño de estas parcelas depende de las condiciones físicas, el terreno, la movilidad de los insectos relevantes y otros factores similares. Por tanto, no hay regla absoluta de que la gran escala es económica y moderna mientras que la pequeña escala es atrasada, ni tampoco hay una regla absoluta de que "lo pequeño es hermoso". La ecología dicta el tamaño de las unidades de producción dentro de las unidades más grandes de la planificación.

Los cubanos y los investigadores de otros países han demostrado que los métodos de producción ecológicos y orgánicos pueden ser más productivos, más económicos y, por cierto, mejores para la protección del medio ambiente, los trabajadores y los consumidores que los métodos de alta tecnología que se consideran los más "modernos" del mundo capitalista. Se están extendiendo gradualmente los métodos orgánicos a medida que se desarrollan las técnicas apropiadas. Actualmente existen proyectos para desarrollar la producción orgánica de azúcar, café, cítricos y otros cultivos destinados a la exportación. Los nuevos métodos tienen que introducirse gradualmente, con la preparación cuidadosa de los técnicos y agricultores para que se haga correctamente. No es cualquier combinación de cultivos la que da un buen rendimiento; el dejar de fumigar químicos no equivale al control orgánico de plagas, y la introducción descuidada de lo que parezcan ser buenas ideas podría desvirtuar todo el programa. Por lo tanto, en la actualidad la mayor parte de la agricultura incluye una mezcla de métodos orgánicos y semiorgánicos con una reducción progresiva de productos químicos, mientras que la agricultura urbana es casi totalmente orgánica. Aproximadamente la mitad de la producción de hortalizas en Cuba es orgánica, como lo es toda la producción urbana. Butts tiene razón al decir que se usan químicos en la producción de azúcar, arroz, café y efectivamente de otros cultivos también. Pero en todos estos casos hay programas para la reducción de insumos químicos. El trasplante de arroz y el cubrir la caña con pajote son métodos de control de la maleza que reducen el uso de herbicidas. Se crían avispas en insectarios en las granjas para usar contra el barrenador de la caña de azúcar. Toda la estrategia apunta hacia la reducción progresiva de los insumos químicos a medida que se van desarrollando opciones.

Tal vez no es justo citar datos a los que Clark no tuvo

acceso. Sin embargo, la esencia de la metodología marxista significa comenzar por lo concreto y construir el argumento teórico a partir de la experiencia real. Clark se equivocó completamente a nivel empírico, como también metodológica y teóricamente. Quizás la esencia de su error sea su visión del progreso científico y técnico. La ciencia y la tecnología tienen un carácter doble: sí forman parte del desarrollo general del conocimiento y de las habilidades del género humano. Pero también son productos específicos de determinadas sociedades y cumplen las metas de los propietarios de tales sociedades. Esto da lugar a una tendencia de conocimiento e ignorancia escogidos por los dueños de la industria del conocimiento quienes contratan a los científicos, deciden qué investigaciones se han de realizar y determinan los usos de la ciencia. Es necesario reconocer ambos aspectos de esta contradicción para así apreciar la ciencia moderna y a la vez criticarla. Marx y Engels fueron entusiastas defensores de Darwin, pero a su vez criticaron su gradualismo *Whig* (o sea, liberal). El movimiento Ciencia para el Pueblo [Science for the People] de los años 60 y 70 en este país y grupos semejantes a nivel internacional han batallado con esta realidad. Su perspectiva avanzó desde una crítica del mal uso de la ciencia para la guerra, hasta una crítica de la exclusión de personas de la clase trabajadora, afroamericanos y mujeres de todas las razas del liderazgo científico, hasta llegar finalmente a un estudio del propio contenido de la ciencia conforme evoluciona según las necesidades de la industria y las filosofías imperantes. A fin de cuentas, la lucha entre la agricultura de alta tecnología quimicalizada y la agricultura ecológica se da también entre las ópticas mecanicistas/reduccionistas y las perspectivas dialécticas de la naturaleza y la ciencia.

No obstante, con demasiada frecuencia los socialistas caen en un progresivismo pasivo que solo observa un aspecto de la contradicción, imagina solo una vía de progreso por la cual las cosas son más avanzadas o más retrógradas. Entonces imaginan que la técnica capitalista se puede adaptar en su totalidad para fines socialistas. Esta admiración de la tecnología burguesa sin que hubiera también una crítica activa de esa tecnología fue uno de los elementos de la desastrosa historia de la industria soviética. (A su vez, estas opciones técnicas podrían estar ligadas, desde luego, a las estructuras de clase que van evolucionando en ese país. La admiración acrítica de las vías capitalistas de desarrollo llegó a su extremo en la dependencia de Brezhnev en la "revolución científico-técnica" para salvar a la Unión Soviética.) Con este enfoque es posible hablar con desdén, junto a Clark, del uso de la tracción animal por haber sido novedad en la época neolítica y representar falsamente la crítica de la tecnología capitalista como anticiencia. La realidad es que la ciencia y la tecnología agrícolas se desarrollaron para inventar aquellos métodos de producción que pueden ser mercancías vendidas a los agricultores, y dentro del marco de la filosofía reduccionista capitalista.

LOS PRINCIPALES PASOS en el avance de los métodos agrícolas fueron: la adopción del motor industrial de vapor en el siglo XIX como fuente estacionaria de energía para trillar; de la industria automotriz, el engranaje diferencial que nos dio el tractor para la mecanización; desde el excedente de la capacidad productiva de pólvora después de la Primera Guerra Mundial hasta la fijación de nitrógeno y el fertilizante químico; desde la guerra química en la Primera Guerra Mundial hasta los pesticidas; y por último, con la hibridación moderna de las plantas, una rama de investigación destinada específicamente a la agricultura. Los hibridadores de plantas buscaban la creación de una semilla híbrida no porque sea la mejor forma de aumentar el rendimiento, sino porque la semilla híbrida no se reproduce bien y los agricultores tendrían que comprar una nueva provisión de semillas híbridas cada año. La pauta específica de la investigación refleja el hecho de que no todos los conocimientos son igualmente mercantilizables. Se puede embotellar un químico tóxico y vendérselo a los agricultores; en cambio, los conocimientos sobre las hormigas depredadoras a lo sumo pueden venderse como un artículo de Consejos de Agricultura y Jardinería.

Aún dentro del marco del desarrollo capitalista, los métodos nuevos no simplemente remplazan a los viejos. Más bien, las viejas formas que eran universales ahora se vuelven especializadas y continúan su evolución. Todavía hay un uso para el avión de hélice, los veleros y las herramientas manuales. La medicina moderna no remplaza la medicina herbaria pero sí puede incorporarla. Y los agricultores cubanos han aprendido que la tracción animal tiene su papel. Las yuntas de bueyes tienen un distinto impacto sobre el suelo que los tractores y pueden trabajar después de fuertes lluvias, mientras que los tractores destruirían el suelo. No se trata de remplazar la mecanización, sino de combinarla con el uso de la tracción animal según lo indicado. En mi juventud yo cultivé en la cordillera central de Puerto Rico sobre tierra demasiado empinada para los tractores y hasta para los bueyes. Por eso no tengo nostalgia sentimental por el trabajo deslomador de preparar con azadón un suelo de arcilla pesada ni ansío la simplicidad neolítica. Y puedo distinguir entre retornar a tecnologías menos eficaces e inventar nuevas técnicas que incorporen conocimientos anteriores.

Cada sociedad desarrolla su propia forma de relacionarse con el resto de la naturaleza y de concebir esa relación. El socialismo cubano está creando su propia ecología: un paisaje que trae la agricultura a las ciudades y la industria al campo; diseña un sistema de producción de alimentos que es robusto frente a la incertidumbre; protege la salud del pueblo; preserva la biodiversidad, los recursos acuáticos y el suelo; recicla dentro de la finca y a nivel regional; y depende muy poco de insumos externos. Esto lo está haciendo de muchas formas: mediante programas contra la desertificación y salinización, mediante la reforestación, la integración de cultivos y ganado, la agricultura ecológica, y cuenta con el apoyo de una red creativa de innovadores profesionales y no profesionales. Hay cada vez más conciencia en Cuba de que el nivel de vida ascendente al que todos aspiramos no se va a lograr con aumentos ilimitados en el consumo de energía y materia, sino mediante una calidad de vida ascendente en la cual una mejor relación con el resto de la naturaleza constituye un elemento importante. La agricultura ecológica es un aspecto de una pauta socialista emergente de relaciones con el resto de la naturaleza, un nuevo modo de producción ecosocial.

El papel social de la agricultura orgánica en Estados Unidos es muy distinto de lo que es en Cuba. El movimiento orgánico actual representa un acercamiento entre productores orgánicos, quienes buscan una menor dependencia de las empresas, algunos de los cuales son de origen urbano y optaron por la agricultura por razones de modo de vida, cooperativas de consumidores y otros grupos interesados en alimentos de calidad, promotores de la salud que consideraban los pesticidas como carcinógenos y destructores de la biodiversidad, y científicos agrónomos a quienes les habría gustado ser agricultores pero que no pueden costear una parcela y que en cambio se dedican a servir a la comunidad orgánica.

En el noreste, la NOFA (Northeast Organic Farming Association—Asociación de Agricultura Orgánica del Noreste) junta a pequeños productores, artesanos, grupos de consumidores e innovadores en un movimiento que en general es progresista y que está en conflicto con la agricultura monopolizada. Han ido inventando formas de reducir los costos para que el pueblo trabajador de nuestras ciudades también pueda obtener los alimentos de mejor calidad que merece. Pero a medida que la agricultura orgánica se hace más popular se van interesando los grandes inversores, y se ha dado una lucha en el seno de la agricultura orgánica entre los cultivadores comerciales capitalistas y los iniciadores del movimiento. Recientemente este conflicto se ha enfocado en las reglas de certificación de los alimentos orgánicos. El USDA [Departamento de Agricultura de Estados Unidos] ha quitado el control de la certificación a las organizaciones de agricultura orgánica y ha promovido normas inferiores más aceptables para los grandes productores.

CLARK RECHAZA la agricultura orgánica calificándola de solución idealista. ¿Pero solución de qué? Él crea un pequeñoburgués de paja cuando sugiere que la agricultura orgánica bajo el capitalismo se ofrece como una alternativa a la lucha revolucionaria. Es "simplemente" una lucha por una producción alimentaria más segura y por alimentos de mejor calidad.

Por último está la cuestión de los organismos genéticamente modificados (OGM). Clark los apoya como una forma de producir en abundancia en un mundo hambriento. Cree haber encontrado una gran falta de consecuencia entre los críticos de los cultivos genéticamente desarrollados cuando señala que los críticos de los OGM en la agricultura no criticaban el uso de las bacterias genéticamente modificadas para producir insulina. La diferencia obvia entre estos dos casos es que si algo falla en la producción industrial de insulina es posible apagar las fermentadoras y limpiarlas, pero si algo falla en la naturaleza no se puede retirar así de fácil. No es una cuestión de principios, "a favor" o "en contra" de los OGM. Más bien se trata de aplicar cuatro pruebas antes de aceptar una tecnología:

1. *¿Es necesaria?* En este caso ¿el hambre mundial se debe a la escasez de alimentos o a la capacidad productiva? Según el Programa Mundial de Alimentos de la ONU, hoy día en el mundo hay alimentos suficientes para 12 mil millones de personas. A pesar de la pérdida de cosechas locales y regionales que sí causan hambre, la causa fundamental es que los alimentos son mercancías y la necesidad de alimentos no está respaldada por una "demanda eficaz", que los agricultores son remplazados por agroempresas que buscan productos de exportación de alto valor, que la gente se ve desplazada de la tierra por guerras y reducciones de precios, y que el objetivo de la producción es producir ganancias y no alimentar a seres humanos.

2. *¿Haría la nueva tecnología lo que promete?* Aquí los resultados son ambiguos. Los éxitos iniciales en pruebas de laboratorio a veces son contrarrestados en el campo cuando inciden otros factores.

3. *¿Qué más hace?* Conocemos algunos de los efectos

obvios: arrecia el control de los monopolios químicos sobre la producción de alimentos y sobre los agricultores, promueve los monocultivos que aumentan los peligros de plagas. Al incorporar a los cultivos genes que resisten plagas, las nuevas variedades exponen las plagas a pesticidas aún cuando no son un problema, lo cual fomenta una evolución más rápida de resistencia a los pesticidas. Al transmitir la resistencia a herbicidas de los cultivos a la maleza, se puede producir maleza resistente a herbicidas. Y hay otras posibilidades, menos probables pero más desastrosas, por el hecho que los genes que se introducen son móviles, y cuando los genes cambian de ubicación en el genoma sus efectos pueden ser bastante diferentes de lo que hacían en su sitio original. Lo que señalo aquí no es que cualquier introducción individual va a causar un desastre, sino que el afán de patentar y comercializar productos de forma precipitada hace que las industrias y sus aliados en el gobierno le resten importancia al daño potencial, que no se mantengan atentos a consecuencias inesperadas y que encubran los indicios de daños.

4. *¿Hay mejores opciones?* Aquí la respuesta es un sí rotundo. Aun con tan poca investigación dedicada a los métodos orgánicos comparada con la investigación de los métodos químicos, los resultados son comparables. La agrotecnología ecológicamente sana es más estable, protege el medio ambiente contra la contaminación de las aguas subterráneas y del aire, protege a los trabajadores agrícolas y a los consumidores, disminuye la dependencia del agricultor en las compañías químicas, y en consecuencia retrasa el empobrecimiento del campo.

En su conjunto, Clark remplaza una perspectiva socialista de las complejidades del desarrollo científico y tecnológico con un enfoque progresivista liberal y unilateral que acepta el argumento capitalista de que "NO hay alternativa". Pero un movimiento revolucionario tiene que desafiar el carácter destructivo y enajenante de todos los aspectos de la sociedad capitalista para forjar el tipo de movimiento que pueda liberar a la clase trabajadora y a toda la sociedad.

¿PROGRESO PARA QUIÉN?

por Steve Clark

EN SU RESPUESTA Richard Levins empieza por aseverar que los artículos del *Militant* abordan "varias cuestiones sobre el capitalismo, el imperialismo y la agricultura sobre las cuales todos fácilmente podemos estar de acuerdo". Sin embargo, como lo indica su título, la serie del *Militant* no trata "el capitalismo, el imperialismo y la agricultura" en lo abstracto sino más bien *el trabajo* y la agricultura, *el trabajo* y el imperialismo, *el trabajo* y el capitalismo, ya sea en los campos, las fábricas, minas, plantas o donde sea. Y precisamente son estas relaciones sociales —que tienen que ver con la clase trabajadora y los cimientos políticos y sociales de la alianza de trabajadores y agricultores— las que están ausentes en la respuesta de Levins. Es ahí donde encontramos la esencia de nuestro desacuerdo.

En la medida que los trabajadores y los agricultores figuran en el artículo de Levins, lo hacen como víctimas de pesticidas venenosos, receptores de servicios por parte de investigadores y científicos, o beneficiarios de movimientos que han de suministrarles alimentos sanos y allanar el camino para su liberación. No está presente el pueblo trabajador como productor de toda la riqueza mediante la transformación de la naturaleza, creador de la base material de la cultura y la civilización, y agente de su propia liberación y de la liberación de la humanidad a través de la lucha revolucionaria para establecer la dictadura proletaria.

Levins sostiene que la serie del *Militant* defiende una perspectiva errada "del progreso científico y técnico". Los artículos, dice, se caracterizan por "un enfoque progresivista liberal y unilateral que acepta el argumento capitalista de que 'NO hay alternativa'".

Los comunistas nos declaramos culpables de opinar que, en tanto los gobernantes capitalistas detenten el poder estatal, no existirá un modo de producción alternativo: ninguno que sirva los intereses del pueblo trabajador urbano y rural. Ninguno que evite el resultado inevitable de la dominación capitalista: la concentración de la propiedad productiva en menos y menos manos, penuria para los más, fascismo, guerra y hasta conflagración nuclear. Y los comunistas nos declaramos culpables de ser estudiosos de la observación y guía estratégicas de Lenin, de que en nuestra época no es posible ninguna reforma duradera de las consecuencias de las relaciones sociales capitalistas, salvo como producto de la lucha de clases revolucionaria.

Por eso los artículos del *Militant* reafirman la relación entre el trabajo y la naturaleza destacada primero por Marx y Engels en el Manifiesto Comunista y desarrollada después en *El capital* y en otras obras.[1] "El trabajo no es la fuente de toda riqueza" escribió Marx en la "Crítica del Programa de Gotha" en 1875. "La naturaleza es la fuente

---

1. *El manifiesto comunista*, pág. 37; *El capital*, tomo I, vol. 1, págs. 215–16.

de los valores de uso (¡que no son los que verdaderamente integran la riqueza material!) ni más ni menos que el trabajo, que no es más que la manifestación de una fuerza natural, de la fuerza de trabajo del hombre... Por cuanto el hombre se sitúa de antemano como propietario frente a la naturaleza, primera fuente de todos los medios y objetos de trabajo, y la trata como posesión suya, por tanto su trabajo se convierte en fuente de valores de uso y, por consiguiente, en fuente de riqueza".[2]

Además, todo el trabajo humano se organiza dentro de relaciones sociales de producción específicas, que a su vez son reproducidas por la producción bajo esas relaciones de clases.

LAS DESCRIPCIONES que ofrece Levins de los distintos métodos de producción agrícola son abstraídas de las relaciones sociales de las cuales dependen. Él escribe, por ejemplo, que "una hectárea de cultivo mixto de mandioca, tomate y maíz rinde casi tanto como dos hectáreas de estos cultivos sembrados por separado". Sin embargo, en la producción de alimentos, que es un proceso social, una hectárea de mandioca, tomate y maíz por sí sola no rinde nada. Son los agricultores y los trabajadores agrícolas quienes siembran y cosechan mandioca, tomate y maíz, reproduciendo durante este proceso las relaciones sociales de producción en las que viven y trabajan. (En realidad, cada uno de estos productos agrícolas específicos en su forma comestible moderna es el resultado del cruce y procesamiento realizados por el trabajo humano durante siglos y bajo

---

2. "Crítica del Programa de Gotha", en Marx y Engels, *Obras escogidas*, tomo II, pág. 9.

sucesivos modos de producción.) Levins dice que "un grupo de 7 a 13 ovejas que pasten en una hectárea de naranjos producen entre 343 y 596 kilos de peso vivo sin dañar la producción de cítricos". Sin embargo, las ovejas no producen nada. Los agricultores y trabajadores agrícolas crían ovejas, y las relaciones de clases y las condiciones bajo las cuales lo hacen determinan en gran medida el peso vivo obtenido y el impacto en el cultivo de otros productos agropecuarios.

Levins escribe que "los bosques rinden madera, miel y nueces" y "modulan el flujo del agua de tal manera que se reduce la dependencia de bombear agua de regadío". Asimismo, "los pastizales producen ganado pero también retardan la erosión". Pero es el trabajo social el que transforma los bosques en madera, la miel y las nueces en alimentos y el ganado en bestias de carga, en fuente de nutrición o en pieles para el vestido y otros usos. La forma en que se organiza ese trabajo, las relaciones de clases que rigen la actividad productiva del pueblo trabajador, acelera o retarda la erosión, aumenta o reduce el daño a los suelos y a las aguas que está asociado con el riego.

Lecciones de la Revolución Cubana

Levins ofrece un recuento informativo de logros agrícolas en Cuba antes y durante el Período Especial (logros que de hecho son de los agricultores, trabajadores agrícolas, técnicos y organizadores). Sin embargo, él identifica como fuente de estas conquistas el uso de ciertos métodos de cultivo, y no el hecho que el pueblo trabajador cubano derrocó las relaciones sociales capitalistas a principios de los años 60 y que hasta la fecha sigue por el rumbo que emprendió: según las palabras de Ernesto Che Guevara, "simultáneamente con la base material, hay que hacer al hombre nuevo".[3] Las mismas tecnologías agrícolas, aplicadas ya sea por la mano de obra en fincas capitalistas, ya sea por pequeños agricultores subordinados al sistema capitalista de rentas e hipotecas, no conducen a los mismos resultados sociales. "En Cuba, lo más importante que pueden aprender los agricultores, trabajadores y jóvenes visitantes del extranjero", concluían los artículos del *Militant*, "no es acerca de técnicas agrícolas, sean orgánicas o de otra clase. La lección más importante es lo que los trabajadores y agricultores podemos lograr en cualquier parte del mundo cuando organizamos una lucha revolucionaria victoriosa por el poder estatal y nos unimos a la lucha internacional por el socialismo".

Levins hace un fetiche de ciertos métodos agrícolas. "Cuando llegó el Período Especial, teníamos al menos un punto de partida para una nueva tecnología", escribe. "Y no cabe duda que *ésta* salvó a la revolución" [énfasis añadido].

Sin embargo, no fue "una nueva tecnología" lo que "salvó" a la Revolución Cubana ante el estertor de muerte estalinista en la Unión Soviética y Europa oriental, y ante el abrupto colapso a comienzos de los 90 de las pautas comerciales que Cuba había mantenido por un cuarto de siglo. El poder de resistencia de la Revolución Cubana se basa en la conciencia política y la movilización de millones de trabajadores y agricultores, manifestadas de muchas formas: desde su disposición de defender la revolución con las armas en la mano, hasta su internacionalismo proletario, su ingenio y creatividad en muchos frentes de la vida y del trabajo, entre ellos el de la producción agrícola.

---

3. Ernesto Che Guevara, *El socialismo y el hombre en Cuba* (Nueva York: Pathfinder, 1992), pág. 64 [impresión de 2021].

"Los cubanos y los investigadores de otros países", escribe Levins, "han demostrado que los métodos de producción ecológicos y orgánicos pueden ser más productivos, más económicos y, por cierto, mejores para la protección del medio ambiente, los trabajadores y los consumidores que los métodos de alta tecnología que se consideran los más 'modernos' del mundo capitalista".

Sin embargo, los "métodos" no son productivos, ni económicos, ni protegen. Es el trabajo social lo que es o no productivo. Son los seres humanos quienes desarrollan, modifican y *usan* métodos diversos para transformar la naturaleza y crear riqueza social. Son los seres humanos quienes mantienen o no de forma adecuada los datos sobre costos. Son seres humanos quienes pueden organizar la producción de formas que protejan a los trabajadores y al ambiente natural. Estas son cuestiones de clase —su moral y la nuestra—, la solidaridad social defendida por el pueblo trabajador y sus aliados *versus* la apropiación privada de la riqueza social, fuerza motriz del "sálvese quien pueda" de la sociedad de clases.

"El socialismo cubano" no "está creando su propia ecología", como sostiene Levins, nuevamente sustituyendo con una abstracción las relaciones sociales concretas que esto entraña. (Engels, con un brillo en los ojos, tal vez habría recomendado un relectura cuidadosa de "El carácter fetichista de la mercancía y su secreto" en el primer tomo de *El capital* de Marx.) Es el *pueblo trabajador cubano* el que está creando algo nuevo al defender, impulsar y transformar sus relaciones sociales de producción, transformándose en este proceso. Al hacerlo, está decidiendo qué tipo de fertilizantes, pesticidas y otras herramientas usar en las condiciones objetivas que enfrenta. No hay nada abstracto al respecto.

Levins concluye que "no hay regla absoluta de que la gran escala es económica y moderna mientras que la pequeña escala es atrasada, ni tampoco hay una regla absoluta de que 'lo pequeño es hermoso'". De acuerdo. Y eso es importante, ya que durante gran parte del siglo XX las voces dominantes que falsamente afirmaban hablar en nombre del comunismo mundial —las maldirigencias estalinistas en Moscú y Beijing— justificaron su brutal política burocrática hacia los trabajadores rurales en nombre de la "necesidad económica". Hasta en Cuba, la ortodoxia de que "la gran escala es económica y moderna" fue uno de los factores que contribuyeron (aunque estuvo lejos de ser la causa) a las crisis agrícolas que los trabajadores y los agricultores comenzaron a afrontar en 1986 con el inicio de lo que los cubanos llaman el proceso de rectificación.

El propio Levins, en su libro de 1985, redactado junto a Richard Lewontin, *The Dialectical Biologist* (El biólogo dialéctico), sostenía que "la agricultura china rápidamente pasó de cooperativa a colectiva principalmente gracias a la persuasión y el voluntarismo local": un mito maoísta que el *Militant* rebatió a finales de los años 50, a medida que se emprendía la marcha forzada hacia las llamadas comunas populares, que hoy día muy pocas personas defenderían. Ese mismo libro hizo una apología de la colectivización forzosa del campesinado por parte de Stalin en la Unión Soviética a finales de los años 20 y comienzos de los 30; dijo que esto lo "exigía una economía socialista racional" y la "urgente demanda de alimentar a la población trabajadora urbana". Levins culpó los actos de defensa propia de los campesinos por la devastación consiguiente de la agricultura soviética; calificó la destrucción de cosechas y ganado por los campesinos como "desbaratadora" y de "sabotaje para proteger su propiedad privada". "Esta fuerza fue enfrentada por el estado con una fuerza mayor y más terrible, que finalmente logró el triunfo [!] de la colectivización", escribió Levins, "pero a un gran costo de vidas, riqueza material y desarrollo político".[4]

LA COLECTIVIZACIÓN FORZOSA por parte del régimen estalinista fue lo opuesto del curso propugnado por Lenin de fomentar la organización voluntaria de las cooperativas agrícolas en la Unión Soviética, cuya existencia se fincaba en una alianza de clases entre los trabajadores y campesinos. "Cerrar filas con las masas, con los simples campesinos trabajadores, y comenzar a avanzar, incomparablemente, infinitamente más despacio de lo que soñábamos, pero de tal modo que toda la masa avance efectivamente junto con nosotros", dijo Lenin a los delegados al congreso del partido en marzo de 1922. "Debemos demostrarle que podemos ayudarlo, que los comunistas lo ayudan de verdad en este período en que el pequeño campesino está tremendamente arruinado, empobrecido y hambriento. O se los demostramos o nos mandarán al diablo. Eso es absolutamente inevitable".[5] Y se hizo inevitable unos

---

4. "The Problem of Lysenkoism" (El problema del lysenkoísmo), en Richard Levins y Richard Lewontin, *The Dialectical Biologist* (Cambridge, Massachusetts: Harvard University Press, 1985), pág. 182.

5. "Informe político al undécimo congreso del partido", en V.I. Lenin, *La última lucha de Lenin: discursos y escritos, 1922–23* (Nueva York: Pathfinder, 1997), págs. 59–60, 61. En el mismo libro, ver "Sobre la cooperación".

años más tarde con la política de la casta privilegiada: primero, al favorecer a los campesinos ricos en vez de a las masas de trabajadores rurales; después, cuando la consigna "¡Campesinos, enriquézcanse!" dio su predeterminado fruto ponzoñoso a finales de los años 20, con la confiscación forzosa del ganado, de los aperos y de la tierra usada por el campesinado en su conjunto, hasta el huerto más pequeño.

La reforma agraria cubana siguió también una trayectoria de clase, reforzando la alianza de los trabajadores y agricultores sobre la cual descansa la revolución: una trayectoria que representa la negación de la política estalinista. Fidel Castro explicó esa política en 1988, en su discurso en la celebración del 26 de julio en Santiago de Cuba:

> La forma en que nuestro país hizo la reforma agraria fue diferente a la forma en que la hicieron todos los demás países socialistas... Le entregamos la tierra al campesino que tenía posesión, al que era aparcero, colono, precarista, arrendatario. Le dijimos: toma, aquí tienes la tierra en propiedad, y después no lo hemos forzado a unirse en cooperativas. Hemos tardado 30 años en el proceso de unir esas parcelas, hemos ido poco a poco, a base de un principio estricto de voluntariedad. No puede haber un solo campesino en Cuba que diga que lo metieron por la fuerza en una cooperativa, ¡no puede haberlo! Sin embargo, ya más de dos tercios de sus tierras están en cooperativas.[6]

---

6. Fidel Castro, "Cuba jamás adoptará métodos del capitalismo", publicado en el número de septiembre de 1988 de *Perspectiva Mundial*, págs. 18–19.

Si bien Levins parece haber modificado su punto de vista desde 1985, su reconocimiento de que "no hay regla absoluta de que la gran escala es económica y moderna" está unido a una oración con la que no concuerda: "La ecología dicta el tamaño de las unidades de producción dentro de las unidades más grandes de la planificación".

Sin embargo, el tamaño y el carácter de las unidades de producción agrícola en Cuba, para tomar ese ejemplo, son el resultado concreto de varias décadas de experiencias con distintas formas de organización, conflictos sociales, debates e iniciativas políticas de los trabajadores y agricultores cubanos y de su dirección comunista. Esto incluye:

• la primera y segunda reformas agrarias durante los primeros años de la revolución;

• medidas adoptadas como parte de una "división de trabajo socialista" impuesta por la casta privilegiada que dominaba en la URSS y en el Consejo de Ayuda Mutua Económica (CAME), al que Cuba se integró en 1972;

• el proceso de rectificación a finales de los 80, una reorientación proletaria dirigida a movilizar a los trabajadores y campesinos para invertir la baja de la productividad, la creciente dependencia alimentaria, la desmoralización y otras consecuencias políticas de la política burocrática de planificación y gestión que se había adoptado a mediados de los 70, basada en las de la URSS; y

• medidas revolucionarias adoptadas ante las presiones del Período Especial, incluida la promoción de la agricultura urbana en pequeña escala (los organopónicos).

La conciencia política del pueblo trabajador cubano; los repliegues que propician un aumento de personal administrativo privilegiado; las luchas contra políticas que favorecen a capas burocráticas más acomodadas; la disponibilidad o falta de energéticos y bienes industriales, determinada por las vicisitudes de la lucha de clases mucho más allá de las fronteras de Cuba; y el equilibrio internacional de fuerzas de clases, incluidas las décadas de guerra económica por parte de Washington: todo esto ha influido. Ni "la ecología" —sea lo que sea que Levins quiere decir con eso— ni otros factores externos a las relaciones sociales han "dictado" las formas de organización del trabajo agrícola adoptadas hoy día por el gobierno y el pueblo trabajador de Cuba. Tampoco ninguna de estas formas es inamovible. Se van a cambiar y a desarrollar en armonía con el progreso social y político del conjunto de los trabajadores y agricultores cubanos.

¿Tecnología burguesa o valores burgueses?

A Levins le inquieta que algunos socialistas (¿entre ellos el *Militant*?) "caen en un progresivismo pasivo" e "imaginan que la técnica capitalista se puede adaptar en su totalidad para fines socialistas. Esta admiración de la tecnología burguesa sin que hubiera también una crítica activa de esa tecnología fue uno de los elementos de la desastrosa historia de la industria soviética", escribe, que llegó al "extremo en la dependencia de Brezhnev en la 'revolución científico-técnica' para salvar a la Unión Soviética".

La falta de una "crítica activa" de la "tecnología burguesa" tiene poco que ver con lo que Levins eufemísticamente describe como "la desastrosa historia de la industria soviética" (no existe una historia de la industria soviética que esté divorciada de la historia de las consecuencias de la revolución bolchevique traicionada). Las raíces de ese desastre se remontan, no al premier Leonid Brezhnev, sino al agotamiento del pueblo trabajador ante una sangrienta guerra civil, invasiones imperialistas y derrotas del auge revolucionario tras la Primera Guerra Mundial por toda Europa; al surgimiento de capas privilegiadas en el aparato del estado y del partido; y al hecho que se truncó la lucha que Lenin libraba contra el curso político de esas capas a causa de un derrame cerebral debilitante a comienzos de 1923. Para finales de los años 20, un casta burocrática cuya principal figura era José Stalin había consolidado una contrarrevolución política. Echando atrás el curso del Partido Bolchevique y de la Internacional Comunista bajo la dirección de Lenin, la casta subordinó la política nacional y exterior a la promoción de sus intereses, que eran ajenos a los de los trabajadores y campesinos. Su política no se caracterizaba primordialmente por una "admiración acrítica de la tecnología burguesa" sino por el remedo acelerado de *valores burgueses* y los concomitantes métodos burocráticos y de matones que se usaron contra trabajadores "retrógrados" y críticos en todas las esferas de la vida económica, social y política.

Los llamados demagógicos de Brezhnev a una "revolución científico-técnica" en la Unión Soviética desde finales de los años 60 hasta comienzos de los 80 no fueron un punto "extremo" en esta degeneración política, sino más bien el agotamiento de una trayectoria que había durado décadas. Dieron constancia del desesperado y penúltimo capítulo de esa trayectoria, cuyos anteriores puntos de referencia en cuanto a política agraria incluyeron:

- la colectivización forzosa, de la cual la agricultura soviética jamás se recuperó (aún en el aspecto cuantitativo, la producción de granos y las manadas de ganado no volvieron a alcanzar sus niveles de 1929 sino hasta los años 50, y los campesinos y trabajadores agrícolas nunca lograron controlar ni administrar las granjas estatales ni los colectivos que les impusieron);
- el creciente rechazo por parte de la casta de la ciencia genética desde mediados de los años 30 hasta 1965 ("lysenkoísmo"), el curanderismo que se persiguió con

la esperanza de reavivar la producción de granos tras el desastre de la colectivización, lo cual echó atrás aún más la agricultura y la ciencia; y
* la campaña impulsada a mediados de los 50 por el dirigente del Partido Comunista soviético Nikita Jruschov para abrir "tierras vírgenes" al cultivo a escala masiva, fiasco burocrático cuya consecuencia, en menos de una década, fue un Tazón de Polvo en gran parte de Rusia.

El hilo que pasa por todo este historial de contrarrevolución estalinista no es un debate filosófico entre perspectivas "mecanicistas/reduccionistas" y "perspectivas dialécticas de la naturaleza y de la ciencia". La casta no tenía ideas: ni reduccionistas, ni dialécticas ni las del profesor Irwin Corey. Iba produciendo justificaciones pragmáticas para proteger sus prerrogativas y defender sus privilegios. Convirtió en chivos expiatorios a los trabajadores de disposición revolucionaria y comunistas que luchaban por continuar el curso de Lenin y del Partido Bolchevique, calumniándolos como "agentes de Hitler", "agentes del Mikado" y posteriormente "agentes de la CIA", "trotskistas", "sionistas", "trotskista-sionistas", etcétera. Millones fueron aterrorizados, enviados a campamentos de prisioneros, o aniquilados por la máquina asesina internacional de Stalin: métodos de estado policiaco para aplastar todo vestigio de vida política y de actividad revolucionaria entre los trabajadores y campesinos, quienes constituían la mayor amenaza para la dominación burocrática de la casta. El resquebrajamiento de este régimen cada vez más frágil y decadente a principios de los años 90 fue la consecuencia social inevitable de un larga trayectoria política.

Empezamos con el mundo

Hace unos 45 años, a pesar de esta contrarrevolución política, la Revolución Cubana y su dirección comenzaron a abrir de nuevo la posibilidad de desarrollar y *usar* el marxismo como guía revolucionaria para las luchas populares de los trabajadores y agricultores no solo en las Américas sino mucho más allá. Eso por sí solo le daría a la dirección de la Revolución Cubana un lugar especial en la historia del mundo y la lucha de clases.

Como señalaron los artículos del *Militant*, la construcción de partidos proletarios y de un movimiento internacional revolucionario —cuya única razón de existir es la de llevar al poder gobiernos de trabajadores y agricultores y de impulsar la lucha por el socialismo— es imposible sin luchar por cerrar la enorme brecha en las condiciones económicas, sociales y culturales entre los trabajadores de distintos países y entre las zonas urbanas y rurales a nivel mundial.

LA MAYORÍA DE LA POBLACIÓN del planeta aún vive en el campo; la mayoría de estos trabajadores rurales labra la tierra. El imperialismo impide y deforma el desarrollo económico y social por toda Asia, África y América Latina, incluida la aplicación de las técnicas científicas modernas de cultivo que usan los labradores para aumentar su productividad. El capital financiero se junta con los explotadores autóctonos para bloquear la reforma agraria y créditos accesibles. Imposibilita la autosuficiencia alimentaria al dedicar más y más tierra al cultivo de productos de exportación para el mercado mundial. Su afán de ganancias sofoca la asignación de recursos para desarrollar nuevas variedades de plantas o de vida animal más idóneos para el suelo, el clima y otras necesidades del pueblo trabajador alrededor del mundo.

Según reconoció Marx hace casi un siglo y medio, mientras lo que determine la producción, el crédito y el comercio sea la competencia por las ganancias, el uso de la mecanización, los fertilizantes químicos y otros métodos agrícolas avanzados —*necesidades* que aún están fuera del alcance de la gran mayoría de los labradores a nivel mundial— causan simultáneamente el agotamiento del suelo, la contaminación del agua y daño a la salud de los agricultores, los trabajadores agrícolas y el público en general. Muchos métodos biológicos que hoy día usan los agricultores en Cuba —desarrollados con ayuda de científicos y técnicos— sin duda pueden ser aplicados por trabajadores y agricultores en todo el mundo, con modificaciones concretas. Sin embargo, en Cuba una revolución socialista ha roto la dominación de las relaciones sociales capitalistas, permitiendo que el pueblo trabajador organice el trabajo colectivamente para satisfacer las necesidades humanas, no para maximizar las ganancias privadas. Por lo tanto, cualquier extensión amplia a otros países de lo que se está haciendo en la Cuba urbana y rural es ante todo una cuestión de política proletaria revolucionaria, no de emulación de métodos agrícolas.

"Para ser médico revolucionario", como recordó Ernesto Che Guevara a los estudiantes de medicina en Cuba en agosto de 1960, "lo primero que hay que tener es revolución".[7]

Los mismos criterios políticos rigen el cultivo de los llamados organismos genéticamente modificados, o OGM. Los opositores de la explotación imperialista no debemos hacer campaña para prohibir o limitar el desarrollo de nuevas variedades de plantas. Debemos acoger tales avances científicos a la vez que exponemos la irracionalidad inhumana de cómo el capitalismo los em-

---

7. Guevara, *Che Guevara habla a la juventud*, pág. 55.

plea: cómo los dueños de compañías como la Monsanto o la Pioneer patentan semillas para intensificar la extorsión de los agricultores por los precios; los intentos de las agroempresas de limitar la tecnología transgénica a las cosechas "rentables", en vez de los productos básicos de los cuales dependen cientos de millones de personas para la vida y subsistencia; el fraude de las pruebas y regulaciones motivadas por las ganancias, con todos los consiguientes peligros para la humanidad, a diferencia de las normas proletarias de salud y seguridad guiadas por la solidaridad humana; las batallas comerciales proteccionistas entre las principales potencias imperialistas por las cuales el pueblo trabajador sufre consecuencias devastadoras (y que son en sí solo una manifestación de los conflictos interimperialistas más y más estridentes mediante los cuales hemos podido escuchar los cañonazos iniciales de la tercera guerra mundial, que retumban desde la primera Guerra de Iraq en 1991).

"No es una cuestión de principios, 'a favor' o 'en contra' de los OGM", dice Levins, sino de aplicar varias pruebas "antes de aceptar una tecnología". Él prosigue: "¿Haría la nueva tecnología lo que promete?... ¿Qué más hace? Conocemos algunos de los efectos obvios: arrecia el control de los monopolios químicos sobre la producción de alimentos y sobre los agricultores, promover los monocultivos que aumentan los peligros de plagas".

Para no alargar este punto, observamos una vez más que los argumentos de Levins no toman en cuenta ni el trabajo humano ni las relaciones de clases. La "nueva tecnología" en sí no hace nada. Los seres humanos —actuando según las leyes de movimiento del capitalismo y de la lucha de clases que éstas engendran— *usan* técnicas y tecnologías nuevas para hacer cosas que tienen consecuencias sociales. El desarrollo y la promoción de cultivos transgénicos por los explotadores sí acentúan la dominación de las empresas sobre los agricultores, como también lo hacen gracias a su control del cruce y/o la producción de animales domésticos, semillas híbridas, fertilizante nitrogenado, trilladoras, tractores y casi todo lo demás. La competencia de capitales cada vez más grandes "promueve los monocultivos", "aumenta los peligros de plagas"… y hace cosas mucho peores en los campos, las minas, las fábricas y a nivel mundial.

Como subrayó la serie original de artículos del *Militant* al citar las palabras de Marx, "Se requirió tiempo y experiencia antes que el obrero distinguiera entre la maquinaria y su empleo capitalista, aprendiendo así a transferir sus ataques, antes dirigidos contra el mismo medio material de producción, a la forma social de explotación de dicho medio".

E<small>L GOBIERNO CUBANO</small> actualmente realiza tareas de investigación y desarrollo sobre versiones transgénicas de la papa, el arroz, el maíz, la caña de azúcar, la batata y la tilapia, un pez de agua dulce. Por ejemplo, en un artículo en la edición del 13 de julio de 2004 de *Granma Internacional* digital, se señaló que afrontar las condiciones de sequía en Cuba "no es solo gastar menos agua, sino también utilizar la genética para obtener variedades más resistentes a la falta de líquido".

Carlos Borroto, vicedirector del Centro de Ingeniería Genética y Biotecnología, describió el programa de investigación cubano en una mesa redonda entre científicos que se celebró en La Habana hace unos dos años. "En nuestro país llevamos 15 años trabajando con organismos técnicamente modificados y no tenemos una sola planta en utilización comercial", dijo Borroto. "Y no la tenemos, precisamente, porque estamos haciendo una evaluación de riesgo. Puedo decir, con absoluta seguridad, que como cualquier otra tecnología moderna que tiene sus riesgos, estos riesgos, bien manejados, son completamente controlables".[8]

La decisión del gobierno cubano de no liberar aún productos transgénicos se debe también en parte a las rivalidades comerciales interimperialistas que han llevado a los gobiernos en Europa a avivar un temor público de los OGM para justificar las prohibiciones o los límites a las importaciones. "¡No deseamos ser los primeros en liberar al mundo un pez transgénico!" dijo Borroto en una conferencia celebrada en Londres en marzo de 2004, según un informe en el número de abril de *Cuba Sí*, revista de la Campaña de Solidaridad con Cuba en el Reino Unido. Él también señaló el caso de un importador en Europa que rehusaba considerar el tabaco cubano con un gene resistente al moho azul porque "¡los aficionados del cigarro no comprarían habanos hechos de una planta genéticamente modificada! Esa posición me resulta algo rara", comentó el científico cubano, "dados los conocidos riesgos del fumar, ¡que a alguien le preocupen los riesgos del [tabaco] transgénico!"

El 'movimiento orgánico'

Al contrario de la impresión que tiene Levins, los artículos del *Militant* no eran una defensa de un método determinado de cultivo en Cuba o en otro país, por parte de alguna fuerza laboral o bajo determinado sistema social.

---

8. En Fidel Castro Díaz-Balart (editor), *Cuba, Amanecer del Tercer Milenio. Ciencia, sociedad y tecnología* (La Habana: Editorial Científico-Técnica, 2002), pág. 257. Borroto es también el jefe del Programa Nacional de Biotecnología Agrícola en Cuba.

Eso va más allá de la competencia de su autor. Al responder a una carta al director, los artículos señalaban que los agricultores cubanos siguen aplicando fertilizantes tanto químicos como biológicos y otros insumos agrícolas. Levins confirma este hecho al decir que "la mayor parte de la agricultura [en Cuba] incluye una mezcla de métodos orgánicos y semiorgánicos con una reducción progresiva de productos químicos, mientras que la agricultura urbana es casi totalmente orgánica".

Los artículos agregaban (y aquí Levins discrepa) que "en la medida que lo permita el mejoramiento de las condiciones económicas, el gobierno y el pueblo de Cuba indudablemente optarán nuevamente por aumentar el uso de estos insumos y tecnologías agrícolas químicos, en tanto sean relativamente seguros, si esto les ayuda a los agricultores y trabajadores del campo a aumentar la productividad agrícola, reducir el trabajo deslomador y proveer de alimentos y ropa a un mayor número de gente a un costo menor". Los artículos también expresaban el criterio de que los agricultores cubanos, en la medida que el combustible sea más asequible, nuevamente aumentarán el uso de maquinaria agrícola motorizada y reducirán la dependencia de bueyes, que es muy generalizada y que en los últimos años se ha impuesto por necesidad: algo que no solo reduce la productividad del trabajo agrícola sino que desgasta los músculos y huesos humanos.

Levins dice que no tiene "nostalgia sentimental por el trabajo deslomador de preparar con azadón un suelo de arcilla pesada", ni ansía "la simplicidad neolítica" y puede "distinguir entre retornar a tecnologías menos eficaces e inventar nuevas técnicas que incorporen conocimientos anteriores". Muy bien. Aquí no tenemos nada que debatir. Pero no se puede decir lo mismo de muchos otros del llamado movimiento orgánico en Estados Unidos que

Levins propugna en su respuesta.

Como trayectoria *política*, la "agricultura orgánica" ha pasado a ser predominantemente una causa de profesionales y de clases medias más acomodadas que sueñan con un capitalismo más benévolo y sensible. Para muchas personas es un estilo de vida alternativo que pueden perseguir ya que poseen los ingresos discrecionales y la opción de hacerlo. Como negocio, es un creciente nicho especializado, caro y cada vez más monopolizado en la industria alimentaria capitalista, un negocio al cual muchos agricultores que pasan dificultades han recurrido con la esperanza de poder mantener su tierra, su salud, su sustento y sus márgenes de ganancia. Como sea, sus objetivos y su composición son ajenos a una línea de marcha proletaria que educa y moviliza a un movimiento *anticapitalista* revolucionario de la clase trabajadora y de sus aliados explotados y oprimidos entre los agricultores, pescadores, otros productores y las clases medias.

Levins lee la serie del *Militant* como si ésta montara un hombre de paja —un "pequeñoburgués de paja", como dice— al sugerir "que la agricultura orgánica bajo el capitalismo se ofrece como una alternativa a la lucha revolucionaria. Es 'simplemente' una lucha por una producción alimentaria más segura y por alimentos de mejor calidad". Organizaciones como la Asociación de Agricultura Orgánica del Noreste (NOFA), dice él, "junta a pequeños productores, artesanos, grupos de consumidores e innovadores en un movimiento que en general es progresista y que está en conflicto con la agricultura monopolizada. Han ido inventando formas de reducir los costos para que el pueblo trabajador de nuestras ciudades también pueda obtener los alimentos de mejor calidad que merece".

Pero el problema no es ni la agricultura *monopolizada* ni la industria, el comercio o la banca *monopolizado*: es el *capitalismo* y el *estado capitalista*. Desde el ascenso del imperialismo hace más de un siglo, la política "antimonopolista" en Estados Unidos ha sido la política de la reforma capitalista. Desde los populistas de finales del siglo XIX hasta el llamamiento que el Partido Comunista de Estados Unidos ha hecho por mucho tiempo a favor de una "coalición antimonopolista" —posición que guía la política de su entorno en la actualidad— el objetivo ha sido canalizar a los trabajadores, a los agricultores y a nuestras organizaciones para que apoyen una supuesta ala "antimonopolista" de la política burguesa, por lo general un demócrata. La contienda presidencial norteamericana en 2004 ofrece un ejemplo momentáneo con el acercamiento Buchanan/Nader en la campaña electoral, recaudando fondos de una misma lista de correos derechista a la vez que atacan al "gran capital" y "la dominación de los corporatistas".

TRAS LEER LA RESPUESTA de Levins visité el sitio web de la Asociación de Agricultura Orgánica del Noreste. Me llamó la atención el logotipo de un volante para la conferencia de la NOFA en el verano de 2004: representa una mujer que guía un arado tirado por un caballo. La oradora principal que se anunciaba era Vandana Shiva, conocida por hacer campaña contra los cultivos transgénicos. En una entrevista puesta en ecoworld.org, Shiva plantea su oposición a "todos los sistemas de agricultura industrial moderna, ya sea la Revolución Verde, la agricultura química o la ingeniería genética", añadiendo que "la industrialización es desacralización" y "un proyecto de altanería". (A propósito, esta enemiga de la altanería industrial proviene de India, donde menos de la mitad de unas 650 mil aldeas rurales —donde reside el 60 por ciento de la población— tiene acceso al agua potable o a la electricidad.)

Otra cosa que me llamó la atención es la "Campaña por la Leche Cruda", dirigida a rechazar las prohibiciones estatales de la venta de leche no pasteurizada. El sitio web se apresura a advertir a "los jóvenes, los ancianos y las personas con sistemas de inmunidad afectados a que investiguen y consideren cuidadosamente los riesgos y beneficios asociados con beber leche cruda… Al igual que con todos los alimentos integrales y vivos, la NOFA sugiere que uno conozca las normas de cuidado de los animales y las prácticas sanitarias de su productor de leche": ¡consejo al que pocos trabajadores tienen tiempo de prestarle atención cuando agarran un litro de leche en el supermercado o el 7-Eleven al regresar a casa del trabajo!

Levins dice que organizaciones como la NOFA "han ido inventando formas de reducir los costos para que el pueblo trabajador de nuestras ciudades también pueda obtener los alimentos de mejor calidad que merece". Y concluye diciendo que "un movimiento revolucionario tiene que desafiar el carácter destructivo y enajenante de todos los aspectos de la sociedad capitalista para forjar el tipo de movimiento que pueda liberar a la clase trabajadora y a toda la sociedad".

Los artículos del *Militant* no tratan sobre la construcción de un movimiento que pueda "liberar a la clase trabajadora" o asegurar que obtenga lo que merece. Se fundamentan en la primera oración de los estatutos de la Asociación Internacional de los Trabajadores, la Primera Internacional, redactados por Carlos Marx hace 140 años: "La emancipación de las clases trabajadoras debe ser conquistada por las propias clases trabajadoras". Por eso es importante discutir las cuestiones planteadas por Richard Levins. Sin aclararlas, no puede haber alianza de trabajadores y agricultores que tenga la solidez suficiente para conquistar ese objetivo.

DOS COMENTARIOS FINALES

Richard Levins responde

La respuesta de Steve Clark a mi defensa de la agricultura ecológica ofrece una lección de materialismo histórico a nivel de kinder, una crítica de Vandana Shiva, referencias a organismos modificados genéticamente y pasajes de la historia rusa, pero no aborda los principales temas en disputa:

1. En el capitalismo, el conocimiento se crea y se adopta para cumplir las necesidades de la clase capitalista: máximo de ganancias y control sobre la fuerza laboral. Los capitalistas aplican criterios de "eficiencia" que evalúan los beneficios para ellos mismos, al tiempo que la mayor parte del costo posible se le echa encima a la clase trabajadora presente y futura como "externalidades".

2. Cuando la clase trabajadora llega al poder tiene la oportunidad y la necesidad de desarrollar sus propias relaciones con la naturaleza, evaluando la ciencia mundial y escogiendo direcciones y tecnologías de investigación que sean productivas, protejan la salud de los productores y de toda la población, y que sean sostenibles y refuercen las nuevas relaciones sociales. Por tanto, el progreso tecnológico no sigue una sola senda, sino que puede ir por diferentes direcciones. Siempre debemos preguntar, ¿progreso para quién?

3. Los métodos ecológicos en la agricultura, incluidos los controles de plagas y la promoción de la fertilidad del suelo, han demostrado ser productivos, económicos y sostenibles social y biológicamente. Por tanto Cuba, habiendo experimentado los métodos de la "revolución

verde", está avanzando por esta senda. La emergencia del Período Especial aceleró el proceso, pero es una dirección a largo plazo.

Steve Clark comenta

1. Según señala Richard Levins, puede ser que los puntos planteados en mi réplica sobre el trabajo social, el modo de producción, el fetiche de las mercancías y la transformación de la naturaleza estén a nivel de kinder. Lo que planteé fue el hecho que su respuesta a la serie del *Militant* reprobó repetidamente esa prueba de kinder.

2. Fue Levins quien señaló, como su único ejemplo concreto del "movimiento orgánico" en Estados Unidos, la Asociación de Agricultura Orgánica del Noreste como un "movimiento que en general es progresista y que está en conflicto con la agricultura monopolizada". Mi réplica indicó que Vandana Shiva, quien se autodescribe como enemiga de "todos los sistemas de agricultura industrial moderna", fue invitada por la NOFA como oradora principal a su conferencia de 2004; que el logotipo de la conferencia es un arado tirado por un caballo; y que el grupo hace campaña para que se revoquen las leyes que requieren la pasteurización de la leche. ¿En qué marco de clases se pueden definir esas posiciones como progresistas? La política "antimonopolista" puede ser, y a menudo es, una sombrilla bajo la cual la "izquierda" y la "derecha" pueden hacer causa común: a riesgo mortal de la clase trabajadora, como lo demuestra abundantemente la historia del siglo XX.

3. La respuesta de Levins a los artículos del *Militant* explicó con cierto detalle su oposición al desarrollo y al uso de los organismos genéticamente modificados. La réplica, como los artículos originales del *Militant*, presentaban la perspectiva de que se puede controlar los riesgos inhe-

rentes a esta tecnología en desarrollo y que sus ventajas se pueden aprovechar para beneficio de la humanidad. Es una cuestión de clase. Y el camino que ha emprendido el pueblo trabajador de Cuba señala el rumbo.

4. Lo que Levins califica de meros "pasajes de la historia rusa", restándoles importancia, en realidad son la historia documentada de más de seis décadas durante las cuales una casta privilegiada, y el movimiento estalinista internacional que ésta dominaba, combinaron la violencia asesina con la falsificación del marxismo para llevar a cabo un ataque contrarrevolucionario contra quienes estaban resueltos a continuar la perspectiva internacionalista proletaria de Lenin. El resultado, una y otra vez, fueron derrotas sangrientas y reveses para las luchas del pueblo trabajador y de las naciones oprimidas por todo el mundo. A pesar del criterio desdeñoso de Levins, no es nada secundaria para la ciencia o la sociedad la tarea de educar y organizar a los trabajadores, agricultores y jóvenes de disposición revolucionaria para que entiendan por qué ocurrieron esos sucesos y reducir así a un mínimo las posibilidades de que tales "pasajes" jamás se repitan. El futuro de la humanidad depende de ello.

5. En cuanto a los "principales temas en disputa" de Levins, éstos no han sido temas de desacuerdo. La única excepción es el argumento que implica el último de sus tres puntos, que presupone que el uso de fertilizantes químicos, pesticidas y herbicidas por parte de los agricultores (en Cuba u otro país) no puede ser "productivo, económico y sostenible social y biológicamente". La serie del *Militant* y la réplica argumentan contra la exclusión categórica de cualquier tecnología o avance científico que esté al alcance de los trabajadores y agricultores. La causa de las consecuencias —a menudo devastadoras— de los métodos capitalistas de la agricultura industrial no

puede reducirse a insumos sintéticos, cultivos transgénicos, el uso de maquinaria o cualquier otra herramienta específica. Al contrario, la fuente de estas consecuencias es la forma en que los explotadores aplican todos esos instrumentos de producción, ya sea en el campo o en la fábrica, en su contienda por acumular capital. Hasta que el proletariado y sus aliados liberen la organización del trabajo social y su transformación de la naturaleza de las trabas que la propiedad privada impone a los medios de producción, los explotadores continuarán usando la ciencia y la tecnología para asegurar la reproducción de las relaciones sociales que mantienen su riqueza y su dominio de clase, a pesar de las consecuencias para los trabajadores y agricultores, o para la atmósfera, el suelo y las aguas de la Tierra. Una vez liberadas de esas trabas, las posibilidades productivas que tiene la humanidad van mucho más allá de lo que hoy siquiera tenemos capacidad de imaginar. Como subrayó Marx hace 150 años, se trata de que el pueblo trabajador y sus aliados *cambien* estas relaciones de clases. Esa es la respuesta proletaria a la pregunta "¿progreso para quién?", que muy correctamente planteó Richard Levins. Pero solo se puede contestar en la práctica, y contestando a la vez la pregunta siempre entrelazada "¿por parte de quién?"

US$12 US$20

US$15

Tres libros para ser leídos como uno . . .

sobre la construcción de un partido que es proletario en su programa, composición y conducta. Que reconoce, con palabras y acciones, el hecho más revolucionario de esta época . . .

. . . que los trabajadores tenemos el poder de crear un mundo diferente cuando actuamos juntos para defender nuestros intereses, no los de la clase que se enriquece explotando nuestra mano de obra, ni los de aquellos que nos temen como "deplorables" o simplemente "basura".

Al avanzar por un rumbo revolucionario hacia el poder obrero, vamos a transformarnos y descubrir nuestro valor propio. También en inglés, francés y griego.

¡Oferta especial!
El paquete de tres por US$30

El viraje a la industria junto con *Los tribunos del pueblo y los sindicatos*   US$20

Cualquiera de estos dos libros junto con *Malcolm X, la liberación de los negros y el camino al poder obrero*   US$25

PATHFINDERPRESS.COM

LA **CUESTIÓN JUDÍA**, LA **LUCHA CONTRA**

La cuestión judía
Una interpretación marxista
ABRAM LEON

¿Por qué sigue alzando la cabeza el odio antijudío? ¿Cuáles son sus raíces de clase, desde la antigüedad y el feudalismo hasta el ascenso del capitalismo y sus crisis actuales? ¿Por qué no hay solución a la cuestión judía bajo el capitalismo? El autor, Abram Leon, fue asesinado en las cámaras de gas de los nazis. Contiene 40 páginas de ilustraciones y mapas. US$17. También en inglés y francés.

On the Jewish Question
(Sobre la cuestión judía)
LEÓN TROTSKY

"Hoy más que nunca el futuro del pueblo judío está vinculado indisolublemente con la lucha emancipadora del proletariado internacional", escribió León Trotsky. Escritos del exiliado líder bolchevique de los años 30. En inglés. US$5

The Founding of the Socialist Workers Party
Minutes and resolutions, 1938–39
(La fundación del Partido Socialista de los Trabajadores: Actas y resoluciones, 1938–39)
JAMES P. CANNON

"El ataque contra los judíos es solo la punta de lanza del ataque contra la clase trabajadora americana", dice una resolución adoptada por el congreso del PST en 1938. El partido exigió que Washington "¡abra las puertas de EEUU a las víctimas del régimen hitleriano de pogromos!" En inglés. US$23

EL FASCISMO Y LA CLASE TRABAJADORA

El desorden mundial del capitalismo
Política obrera al milenio
JACK BARNES

"El fascismo es un movimiento iniciado por la clase gobernante para mantener el dominio capitalista. No es una forma de régimen capitalista", dice Barnes. "Una vez que los trabajadores entienden a cabalidad lo que es el fascismo, la magnitud de la responsabilidad de combatirlo se vuelve más clara". US$20. También en inglés y francés.

The Fight Against Fascism in the USA
(La lucha contra el fascismo en Estados Unidos)
JAMES P. CANNON

Refiriéndose a la movilización anti-nazi de 50 mil personas en 1939 que aparece en la portada de *La cuestión judía*, el semanario *The Militant* escribió: "La respuesta a la interrogante de combatir el fascismo se dio en tonos estruendosos con la magnífica manifestación que enarboló la demanda: ¡Guardias de defensa obrera para aplastar el peligro fascista!" En inglés. US$5

What Is American Fascism?
(¿Qué es el fascismo norteamericano?)
JAMES P. CANNON, JOSEPH HANSEN

Analiza corrientes fascistas en el siglo 20 en Estados Unidos. "Un movimiento fascista, para ser exitoso, necesita un chivo expiatorio contra el cual las masas pequeñoburguesas puedan descargar su ira en vez de dirigirla contra los capitalistas que se la merecen", escribió Hansen sobre el movimiento antisemita "Justicia Social" del padre Charles Coughlin en los años 30. "Coughlin, al igual que Hitler y Mussolini, ha escogido al judío". En inglés. US$5

PATHFINDERPRESS.COM

CULTURA Y POLÍTICA

El socialismo y el hombre en Cuba
ERNESTO CHE GUEVARA
FIDEL CASTRO

Uno de los documentos revolucionarios más profundos jamás escritos. "El hombre realmente alcanza su plena condición humana cuando produce sin la compulsión de la necesidad física de venderse como mercancía". —Ernesto Che Guevara, 1965. US$10. También en inglés, francés, persa y griego.

Art and Revolution
Writings on Literature, Politics, and Culture
(Arte y revolución: Escritos sobre literatura, política y cultura)
LEÓN TROTSKY

"El arte puede ser un fuerte aliado de la revolución solo cuando se mantiene fiel a sí mismo", escribió Trotsky en 1938. En inglés. US$15

John Coltrane and the Jazz Revolution of the 1960s
(John Coltrane y la revolución del jazz en los 60)
FRANK KOFSKY
En inglés. US$23

Their Morals and Ours
The Class Foundations of Moral Practice
(Su moral y la nuestra: Los cimientos de clase de la práctica moral)
LEÓN TROTSKY
En inglés. US$10

ÍNDICE

A

África, 3, 20, 34, 37, 56, 163–64, 174; electrificación en, 3, 32, 156; explotación imperialista de, 45–46, 106, 156, 218; inmigración de, 51, 58

Agricultores, 14–16, 25, 207–9; y la agricultura orgánica, 224; y la brecha cultural, 12–15, 19, 27–28, 156–58; en Cuba, 105–6, 145–50, 175–77, 198, 208–9, 211, 213–14, 215, 219, 223; y la dictadura proletaria, 12–16, 61–63, 74–75, 134–35; echados de sus tierras, 160, 171, 174; el ejemplo de Cuba para, 178–79, 208–9, 217–18; bajo el estalinismo, 211–13, 216–17; explotación capitalista de, 169–71, 174–75, 220–21; ideas burguesas y, 58, 166, 173, 225–26; sus luchas, 116–17, 123; y el movimiento comunista, 77, 82, 91, 123–24, 125, 127; en el mundo semicolonial, 45–46, 156, 174; negros, 67–70; y los OGM, 166, 169–71, 198; su salud y seguridad, 169, 190, 219. *Ver también* Agricultura; Agricultura cubana; Alianza de trabajadores y agricultores

Agricultura cubana, 194–95, 211, 214–15; y la agricultura orgánica, 149–50, 153, 189–90, 192–93, 194–95; huertos urbanos (organopónicos), 145, 146, 148, 195, 214; insumos químicos y, 145, 147–49, 190–93, 223, 229–30; su mecanización, 177–78; en el Período Especial, 146, 147–50, 178, 228; producción azucarera, 149, 177–78, 195; reforma agraria, 175, 213, 214; uso de tracción animal, 148, 150, 178, 198. *Ver también* Agricultores, en Cuba

Agricultura orgánica: aseveraciones de su superioridad, 146, 151–52, 158–59, 167, 190–91, 192–94, 202; en el capitalismo, 146, 152–53, 224; en Cuba, 145, 148–50, 152–53, 189, 194–95; sus defensores, 150, 153, 199–200, 223–24, 225–26, 228

Agricultura, 63, 189–91, 207–9; avances en, 158–59, 189–91, 197–98; capitalismo y, 159–62, 168–69, 218–19; política estalinista, 211–13, 216–17. *Ver también* Agricultores; Agricultura cubana; Agricultura orgánica

Agroempresas, 152, 169–71, 173, 174–75, 220, 221

235

Agua potable, 18, 59, 225
Albania, 79
ALCA. *Ver* Área de Libre Comercio de las Américas
Alemania, 75, 76, 97, 154, 159
Alfabetización, campañas de: en Cuba, 28; en Rusia, 19
Alianza de trabajadores y agricultores, 34, 59, 226; y la brecha urbano-rural, 12–15, 19, 27–28, 33–34, 41–42, 155, 157–58, 180, 218; en Cuba, 33–34, 213; Lenin sobre, 12–16
Alianza para el Progreso, 32
Ambientalistas de clase media, 52, 58, 167–68; y la agricultura orgánica, 149–50, 153; y los OGM, 164–66
América Latina, 20, 34, 36, 37, 56; condiciones sociales en, 3, 32–33, 156, 174; explotación imperialista de, 45–46, 47–49, 106, 218; inmigración de, 50, 58
America's Road to Socialism (El camino de Estados Unidos hacia el socialismo, Cannon), 35
Analfabetismo, 156–57. *Ver también* Campañas de alfabetización
Anarquistas, 166
Área de Libre Comercio de las Américas (ALCA), 49–50
Argelia, 87, 88–89
Argentina, 32–33, 37, 47–48, 167
Armas nucleares, 51, 94–96, 99–100, 113–14
Asia, 20, 34, 36, 37, 56, 98, 174; electrificación en, 3, 31–32, 156; explotación imperialista de, 45–46, 106, 156–57, 218; inmigración de, 51, 58
Asociación de Agricultura Orgánica del Noreste (NOFA), 200, 225–26, 228
Asociación Internacional de Estibadores (ILA), 71–72
Asociación Internacional de los Trabajadores, 226
Asociación Internacional de Mecanometalúrgicos (IAM), 113–14
Australia, 32, 45, 58, 156
Azerbaiyán, 87

B

Bancario, sistema, 98, 170–71, 173, 224; y el imperialismo, 46–49
Banco Mundial, 31, 45, 47
Bell Curve, The (La curva de campana, Herrnstein y Murray), 52
Ben Bella, Ahmed, 88, 89
Bipartidismo, 124
Bishop, Maurice, 80, 87, 88, 135
Blair, Anthony, 97
Borroto, Carlos, 221
Brasil, 33, 37, 167
Brezhnev, Leonid, 197, 215, 216
Buchanan, Patrick, 50, 53–54, 56, 225
Buffenbarger, Tom, 114
Buffet, Warren, 54
Burkina Faso, 88, 90, 135, 163–64
Bush, George W., 49, 94, 95, 98–102, 114, 122

C

Caballeros de la Camelia Blanca, 68
CAME. *Ver* Consejo de Ayuda Mutua Económica
Campesinos. *Ver* Agricultores
Canadá, 45, 48, 167, 170, 174
Cannon, James P., 35, 77, 87, 115
Capital, El (Marx), 56–58, 172, 210; sobre el trabajo y la naturaleza, 104, 151, 159–61, 206–7

Capitalismo, 3, 4, 5–6, 29, 68, 227; y agricultura, 159–62, 168–69, 218–19; intereses nacionales y, 21, 43–45; y medio ambiente, 37, 39, 154–55, 158–59, 161–64, 168–69, 218–19; monopolio, 224–25. *Ver también* Imperialismo
Carbón, 34–36, 39
Castro, Fidel, 49, 87, 131–32, 177–78, 213
China, 21, 37, 51, 156, 167; amenazas de Washington contra, 95; revolución en, 76, 78–79
Chirac, Jacques, 93
Ciencia para el Pueblo, 196
Cinco de Charleston, 72
CIO. *Ver* Congreso de Organizaciones Industriales
Clase trabajadora, 13–14, 26–27, 30, 62; sus capacidades, 105–6, 112, 178–79, 208–9, 226; en Cuba, 105–6, 148–49, 150, 175–77, 208, 209, 210, 214–15; su desarrollo mundial, 20, 59, 85; y la inmigración, 51–52, 64–65, 112, 122; como productora de riqueza, 206, 207–8; su resistencia hoy, 66, 111, 116–18, 122–24; su vanguardia, 65–66, 73–74, 82, 91, 105, 124, 125–27. *Ver también* Internacionalismo proletario
Clinton, William, 49, 94
Colonialismo, 135
Comercio, libre, 42–46, 220
Comuna de París, 136
Confederado, estandarte de guerra, 71–73
Congreso de Organizaciones Industriales (CIO), 115–16, 121
Consejo de Ayuda Mutua Económica (CAME), 214
Consejo de Ciudadanos Blancos, 68

Cooperativas agrícolas, 212, 213
Corea, 79; del norte, 43, 95; del sur, 37, 48
Costa de Marfil, 32
"Crisis de los misiles" en Cuba (octubre de 1962), 29, 131
"Crítica del Programa de Gotha" (Marx), 104, 206–7
Cuba y la revolución norteamericana que viene (Barnes), 87, 111–12
Cuba, 25, 162, 166; ataques de Washington contra, 28, 40, 43, 131, 147, 215; ayuda soviética a, 39–40, 131, 133, 214; y el colapso estalinista, 40, 132, 147, 209; como ejemplo internacional, 80–81, 105–6, 135–36, 175, 208–10, 217–18, 219; electrificación en, 33; energía nuclear en, 39–41; energía solar en, 33, 36; y estalinismo, 79–80, 124; y el internacionalismo, 29, 209; trabajadores y agricultores en, 105–6, 146, 147–50, 175–77, 198, 208–10, 211, 213, 214–15, 219, 223
Cultura, 21–23, 38; electrificación y, 17–18, 19, 30–31, 33–34; estalinismo y, 21; Revolución Cubana y, 27–28, 33; trabajo social y, 17, 23, 37–38, 206; en zonas rurales, 15, 19–20, 23, 28, 33, 157–58

D

Dakota Premium Foods, 117
Darwin, Charles, 196
DDT, 167–68
Democracia burguesa, 25
Derechos civiles, movimiento pro, 70, 72
Derechos de la mujer, movimiento pro, 70

Desarme, 99
Desempleados, 51, 57–58, 116, 177
Desorden mundial del capitalismo, El (Barnes), 87, 136–37, 154
Dialectical Biologist, The (El biólogo dialéctico, Lewontin y Levins), 211
Dictadura del proletariado, 12–13, 14, 24, 180, 206; sus tareas, 62–63, 73
Dobbs, Farrell, 87
Dólar estadounidense, 98; en América Latina, 47

E

Ecuador, 33, 47
Ehrlich, Paul, 58–59
Ejército Rojo, 134
El Salvador, 47
Electrificación: y el avance de la cultura, 3–4, 18, 19, 30–31; estadísticas mundiales, 31–34, 155–56; en el mundo semicolonial, 3, 30–34, 40–42, 59, 155–56, 225; y el poder soviético, 11–13, 14–15
Energía nuclear, 36–37; en Cuba, 39–41; posición del PST sobre, 37–42
Energía solar, 33, 36
Engels, Federico, 26, 104–5, 179–80, 196, 210; sobre el medio ambiente, 154–55, 161–62
Escalante, Aníbal, 80
Escudo de defensa de misiles, 94–96, 99–100
España, 76
Esperanza de vida, 55, 158
Estado obrero, 32, 40, 55, 95; la Unión Soviética como, 76, 79, 130, 132, 133
Estado y la revolución, El (Lenin), 87

Estados Unidos, historia de, 67–71, 106
Estalinismo, 74, 75–78; su ascenso, 75–77, 128, 215–16, 229; y la cultura, 21–22; desintegración de los aparatos, 81, 132, 133, 147, 209, 217; su ideología, 81–82, 217; su máquina asesina, 75–76, 217; como obstáculo al movimiento comunista, 74, 75–78, 81–82, 85–86, 131, 132–33; su política agrícola, 211–13, 216–17; y la Revolución Cubana, 79–80, 124, 131–32
"Estalinismo y bolchevismo" (Trotsky), 130–31
Euro, 97–98
Europa oriental, 37, 97, 100, 101, 154; y el colapso estalinista, 55, 147, 209

F

Fascismo, 25, 206
Festival Mundial de la Juventud, 89, 129
Fetiche de las mercancías, 210
Finlandia, 37
Fondo Monetario Internacional, 47, 166
France, Anatole, 24
Francia, 36, 76, 78, 89, 96, 97, 159; y el imperialismo norteamericano, 93, 95, 96
Frente Sandinista de Liberación Nacional (FSLN), 134

G

Gates, William, 54
Ghana, 32
Gobierno de trabajadores y agricultores, 24, 28, 89, 134–35, 136, 218; sus tareas, 41, 61–63, 134–35
Gorbachov, Mijaíl, 100

Granada, 80, 87, 135
Grecia, 97
Guardia de defensa obrera, 106, 116
Guevara, Ernesto Che, 27, 87, 131, 178, 208–9; sobre el médico revolucionario, 24, 179, 219

H
Haciendo historia (Waters, ed.), 25–26
Hall, Gus, 83
Halstead, Fred, 38
Hambre mundial, 57, 59, 157, 173–74
Hansen, Joseph, 88–89, 131
Herrnstein, Richard J., 52–53
Historia de la Revolución Rusa, La (Trotsky), 87
Historia del trotskismo americano, La (Cannon), 115, 130
Hollander Home Fashions, 112, 118
Hungría, 75

I
IAM. *Ver* Asociación Internacional de Mecanometalúrgicos
Igualdad burguesa, 24–25
ILA. *Ver* Asociación Internacional de Estibadores
Imperialismo, 25, 135; competencia interimperialista, 3, 95, 96, 97, 102–3, 134, 136, 220; y el mundo semicolonial, 45–49, 106, 163–64, 218. *Ver también* Capitalismo; Mundo semicolonial
Imperialismo, fase superior del capitalismo (Lenin), 87
Imperialismo norteamericano: sus ataques contra Cuba, 28, 40, 43, 131, 147, 215; y la competencia interimperialista, 96–97, 102–3; su poderío militar, 93–95, 99–100
Imperio Romano, 94
India, 37, 56, 95, 225
Inmigración, 50–52, 56, 61, 64; y la clase trabajadora en Estados Unidos, 65, 112, 122
Intercambio desigual, 46
Internacional Comunista, 18–19, 74–75, 76, 134, 216
Internacionalismo proletario, 29–30, 42, 61–62; bolcheviques e, 12–13, 134; en Cuba, 29, 209; importancia central del, 4, 12, 19–20, 29–30, 107
Irán, 43, 95
Iraq, 43, 96
Irlanda, 97
Israel, 95
Italia, 75
Izquierda pequeñoburguesa, 50, 84, 114–15, 133, 166. *Ver también* Ambientalistas de clase media

J
Jamaica, 33
Japón, 32, 37, 48, 58, 96, 156
Jim Crow, sistema, 68–69, 70
Jruschov, Nikita, 131, 217
Judíos, 25, 78
Juventud Socialista, 63, 86, 125, 127

K
Kerry, John, 95
Kioto, Protocolo de, 100–101
Ku Klux Klan, 68, 106

L
Lenin, V.I., 25–26, 83–85, 106, 206, 216; sobre alianza de trabajadores y campesinos, 12–15, 18, 212; sobre electrificación, 11–17, 19, 157
Lewis, John L., 121

Lewontin, Richard, 211
Liberales, 52; sobre la "sobrepoblación", 50–51, 56, 58
Linchamientos, 69
López Cuba, Néstor, 25–26
Luddistas, 172, 221
Lysenko, Trofim, 21–22, 216–17

M

Mal menor, política del, 29
Malaria, 168
Malcolm X, 51, 87, 135
Malthus, Thomas, 50, 56–57
Manifiesto comunista, El (Marx y Engels), 22, 84–85, 87, 126, 155, 180, 206
Mao Zedong, 21, 211
Marx, Carlos, 26, 42–43, 56–58, 104–5, 164, 196, 226, 230; sobre la agricultura, 159–61; sobre los luddistas, 172, 221; sobre el medio ambiente, 154–55, 218–19; sobre el trabajo y la naturaleza, 6, 104–5, 151, 206–7
Marxismo, 127–28, 130, 218; estalinismo y, 76–77, 83–86, 132, 229
Medio ambiente, 154–55; en el capitalismo, 34–35, 39, 154–55, 158–59, 161–64, 218–19
Medio Oriente, 34, 37, 46, 51, 96, 174
México, 55–56, 64, 174; explotación imperialista, 48
Militant Labor Forum, 49, 123–24, 127
Militant, The, 89, 118, 146–47, 211; su difusión, 66, 123
Minas terrestres, 166
Mississippi, 72
Movimiento contra la guerra en Vietnam, 70
Mujer, 55–56; y la lucha proletaria, 63, 135
Mundo semicolonial, 55; condiciones sociales en, 30–34, 36, 57–58, 59, 155–57, 174, 225; electrificación en, 3–4, 30–34, 59, 155–56, 225; explotación imperialista del, 45–49, 106, 156, 218
Murray, Charles, 52–53

N

Nacionalismo burgués, 21, 50, 173
Nacionalsocialismo, 30
Nader, Ralph, 153, 225
Naturaleza: como fuente de valores de uso, 104, 206–7; su transformación por el trabajo, 17–18, 22, 38, 105, 151, 153, 179–80, 206–8, 210. *Ver también* Agricultura; Medio ambiente
Negros, 63, 67–72, 73
Nepal, 32
Nicaragua, 33; revolución en, 87–90, 133–34
NOFA. *Ver* Asociación de Agricultura Orgánica del Noreste
Novatadas en fuerzas armadas norteamericanas, 27
Nueva Zelanda, 32, 45, 58, 156

O

Organismos Genéticamente Modificados (OGM), 164–67, 201–2, 219–21, 228–29; en Cuba, 221–22; y la "policía de semillas", 169–71
Organización del Tratado del Atlántico Norte (OTAN), 101–2
Organización Mundial del Comercio, 166

P

Pakistán, 32, 95
Panamá, 33, 47

"Papel del trabajo en la transición del simio al hombre, El" (Engels), 162, 179–80
Partido Bolchevique, 25, 106, 135, 216; y la continuidad marxista, 130, 135; su perspectiva internacional, 18–19, 74–76, 134. *Ver también* Trabajadores-bolcheviques
Partido Comunista de EUA, 83–84, 225
Partido comunista, 4, 16–17, 29, 85; su indispensabilidad, 74–75, 84, 85. *Ver también* Partido Socialista de los Trabajadores (PST)
Partido obrero, 116
Partido Socialista de los Trabajadores (PST): su constitución, 61–63, 105; su continuidad, 77; sobre la energía nuclear, 37–42; ramas y fracciones,119–20, 123–24, 129; y la resistencia obrera, 65–66, 124; y la vanguardia obrera, 65–66, 82, 91, 105, 124, 125–27. *Ver también* Partido comunista
Partido Socialista Popular (PSP, Cuba), 80
Pathfinder, editorial, 81–82, 86–87, 90–91, 129, 135
Pathfinder, Proyecto de Reimpresión, 81
Período Especial (Cuba), 40, 178; y la agricultura urbana, 145, 146, 148–49, 214; logros del, 150, 209
Perspectiva Mundial, 89, 118, 123
Playa Girón, 29
Población. *Ver* Sobrepoblación
Pol Pot, 21
Política "antimonopolista", 225, 228
Política, su carácter, 25–27
Political Affairs, 83
Population Bomb, The (La bomba demográfica, Ehrlich), 58
Populistas, 225
Portugal, 97
Pragmatismo, 73, 217
Princesa Diana, 165–66
Príncipe Charles, 165
Proteccionismo, 42–45, 166, 220
Putin, Vladimir, 99, 102

Q
¿Qué hacer? (Lenin), 81, 83–84, 85, 126

R
Reagan, Ronald, 94–95, 100
Reconstrucción Radical, 67–68, 70, 71
Rectificación, Proceso de, 211, 214
Reformas, 206
Reich, Robert, 53
Reino Unido, 94, 95, 154, 159
Revolución Cultural, 21
Revolución Rusa, 74, 132, 134; y la guerra civil, 13, 75, 134
Revolución traicionada, La (Trotsky), 87
Río de Janeiro, acuerdos de, 192
Rostro cambiante de la política en Estados Unidos, El (Barnes), 87
Rusia, 37, 55; y Estados Unidos, 95, 96, 99–100, 102. *Ver también* Unión Soviética

S
Sankara, Thomas, 87, 88, 135, 163–64
Seguridad: desdén capitalista por la, 34–35, 39, 41, 66, 100, 169, 220; y la energía nuclear, 38, 41; lucha de los trabajadores por la, 66, 118
Seguro Social, 113, 116
Sendero Luminoso (Perú), 21

Shachtmanistas, 30
Shiva, Vandana, 225, 228
Simon, Julian, 58–59
Sindicato de carpinteros, 122–23
Sindicato Unido de Mineros de América (UMWA), 112, 118, 121, 122, 123
Sindicato Unido de Obreros del Acero de América (USWA), 122
Sindicato Unido de Trabajadores de Alimentos y el Comercio (UFCW), 112, 117–18
Sindicatos, 111–24
"Sobrepoblación", 50–61
Socialismo utópico al socialismo científico, Del (Engels), 87
Stalin, José, 211, 216
Su Trotsky y el nuestro (Barnes), 128–29
Sudáfrica, 32, 167
Sweeney, John, 114–15, 122

T

Teamsters, 122, 123; Local 544 de los, 116
Tecnología. *Ver* Trabajo, y tecnología que ahorra trabajo
Teorías de conspiración, 153
Terroristas jubilados (Boucault), 77–78
Trabajadores-bolcheviques, 64, 125, 126–27, 129, 136
Trabajo: su carácter social, 6, 103–4, 208, 230; como creador de la cultura, 17, 22–23, 37–38, 206; y la naturaleza, 17, 22, 38, 105, 151, 153, 179–80, 206–8, 210; y la tecnología que ahorra trabajo, 171–72, 176–78, 220–21
Tratado de Libre Comercio Norteamericano (TLC), 49
Tratado Anti-Misiles Balísticos (Tratado ABM), 98–99, 100
Trotskismo, 128–30

Trotsky, León, 23, 30, 76, 128–31
Turner, Ted, 54

U

UFCW. *Ver* Sindicato Unido de Trabajadores de Alimentos y el Comercio
Última lucha de Lenin, La (Lenin), 81
Ultraizquierdismo, 119
UMWA. *Ver* Sindicato Unido de Mineros de América
Unidades Básicas de Producción Cooperativa (UBPC), 148
Unión Europea, 96–97
Unión Soviética, 13–16, 18, 76–77, 79, 130–31, 134, 197, 215–17; su ayuda a Cuba, 39–40, 131–32, 214; su colapso, 40, 132, 133, 147, 209; colectivización forzosa en, 211–13, 216; y electrificación, 11–17; estalinismo y, 21–22, 75–77, 132, 216–17. *Ver también* Revolución Rusa
UNITE, 118, 123
USWA. *Ver* Sindicato Unido de Obreros del Acero de América

V

Vietnam, 79; guerra norteamericana contra, 70, 82

W

Webb, Sam, 83–84
What Working People Should Know about the Dangers of Nuclear Power (Lo que el pueblo trabajador debe saber sobre los peligros de la energía nuclear, Halstead), 38–39
World Outlook, 88, 89

Y

Yugoslavia, 79

LA EMANCIPACIÓN DE LA MUJER Y LA CLASE TRABAJADORA

Las mujeres en Cuba: Haciendo una revolución dentro de la revolución
VILMA ESPÍN, ASELA DE LOS SANTOS, YOLANDA FERRER

La integración de las mujeres a las filas y a la dirección de la Revolución Cubana fue parte inseparable de la trayectoria proletaria de esta desde el principio. Esta es la historia de esa revolución y cómo transformó a las mujeres y los hombres que la hicieron. US$17. También en inglés, persa y griego.

The Emancipation of Women
(La emancipación de la mujer)

V.I. LENIN

La emancipación de la mujer, escribió Lenin, empezará "solo cuando comience una lucha sin cuartel, dirigida por el proletariado dueño del poder estatal", para incorporar a las mujeres como iguales en el trabajo social productivo. Y cuando comience a transformarse la preparación de alimentos, el cuidado infantil y otras tareas domésticas "en una economía socialista en gran escala". En inglés. US$7

Los cosméticos, las modas y la explotación de la mujer
JOSEPH HANSEN, EVELYN REED, MARY-ALICE WATERS

Explica cómo los capitalistas refuerzan la posición de segunda clase de la mujer para extraer ganancias. De dónde proviene la opresión de la mujer. Y cómo la integración de millones de mujeres a la fuerza laboral fortalece la batalla por su emancipación. US$12. También en inglés, persa y griego.

PATHFINDERPRESS.COM

IMPERIALISMO FASE SUPERIOR DEL CAPITALISMO

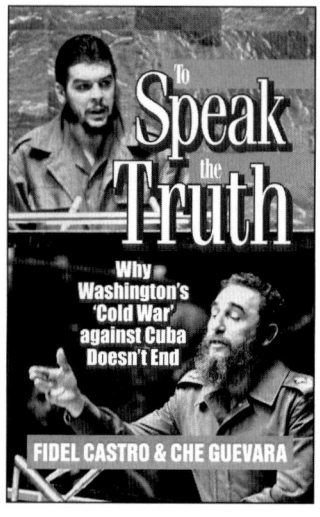

To Speak the Truth
Why Washington's 'Cold War' Against Cuba Doesn't End
(Hay que decir la verdad: Por qué no cesa la 'Guerra Fría' de Washington contra Cuba)
FIDEL CASTRO, ERNESTO CHE GUEVARA

El sistema imperialista, dijo Fidel Castro a la Asamblea General de la ONU en 1960, beneficia a "quienes están interesados en mantener el despojo… quienes están interesados en mantener la explotación". En discursos históricos, ante organismos de la ONU, Castro y Guevara se dirigen a los trabajadores del mundo y explican por qué Washington detesta tanto el ejemplo de la revolución socialista cubana y por qué va a fracasar en sus intentos de destruirla. En inglés. US$15

¡EE.UU. fuera del Oriente Medio!
Cuba habla ante Naciones Unidas
FIDEL CASTRO
RICARDO ALARCÓN

Los argumentos contra la guerra de 1990–91 de Washington contra Iraq, según los presentó el gobierno cubano en Naciones Unidas. US$12. También en inglés.

Introducción a la teoría económica marxista
ERNEST MANDEL

Una explicación del funcionamiento de las relaciones capitalistas, poniendo al descubierto las causas de las devastadoras crisis que plagan el sistema de ganancias privadas. US$7

La marcha del imperialismo hacia el fascismo y la guerra
JACK BARNES

"Habrá nuevos Hitlers, nuevos Mussolinis. Eso es inevitable. Lo que no es inevitable es que triunfen. La vanguardia obrera organizará a nuestra clase para combatir el terrible precio que nos hacen pagar los patrones por la crisis capitalista. El futuro de la humanidad se decidirá en la contienda entre estas dos fuerzas enemigas de clase". En *Nueva Internacional* no. 4. US$14. También en inglés, francés, persa y griego.

Habla Malcolm X

"Los imperialistas astutos saben que la única manera de hacerte correr voluntariamente hacia la zorra es mostrándote un lobo". En discursos y entrevistas, Malcolm X presenta una alternativa revolucionaria a esta trampa reformista, abordando las alianzas políticas, los derechos de la mujer, la intervención de Washington en el Congo y Vietnam, capitalismo y socialismo, y más. US$15. También en inglés.

El imperialismo, fase superior del capitalismo
V.I. LENIN

El imperialismo no solo aumenta el peso de la esclavitud de la deuda y el parasitismo en las relaciones sociales capitalistas, escribe Lenin. Sobre todo, torna la competencia entre rivales capitalistas —nacionales y extranjeros— más violenta y explosiva. En medio del creciente desorden mundial del capitalismo, este folleto de 1916 sigue siendo piedra angular del programa y actividad del movimiento comunista. US$5. También en inglés y persa.

PATHFINDERPRESS.COM

DIRIGENTES REVOLUCIONARIOS EN SUS PROPIAS PALABRAS

La Primera y Segunda Declaración de La Habana

En ninguna parte se abordan con mayor franqueza y claridad los problemas de estrategia revolucionaria que hoy afrontan los hombres y mujeres en las primeras filas de luchas en América que en estos dos documentos de 1960 y 1962, aprobados en sendas asambleas de más de un millón de cubanos. Estas intransigentes condenas del saqueo imperialista y de "la explotación del hombre por el hombre" siguen vigentes como manifiestos de lucha revolucionaria del pueblo trabajador en todo el mundo. US$10. También en inglés, francés, persa, árabe y griego.

La revolución granadina, 1979–83

Discursos por Maurice Bishop y Fidel Castro

El triunfo en 1979 de la revolución en la isla caribeña de Granada tuvo "importancia para todas las luchas alrededor del mundo" dijo Bishop, su dirigente central. Valiosas lecciones del gobierno de trabajadores y agricultores derrocado en 1983 mediante un golpe de estado estalinista. Contiene discurso de Castro ante más de un millón de personas en La Habana tras la invasión norteamericana que siguió al derrocamiento de la revolución. US$10

Puerto Rico: La independencia es una necesidad
RAFAEL CANCEL MIRANDA

Este dirigente independentista puertorriqueño, uno de los cinco encarcelados por Washington por más de 25 años, hasta 1979, habla sobre la realidad brutal del coloniaje norteamericano, el ejemplo de la revolución socialista cubana y la lucha actual por la independencia. US$5. También en inglés y persa.

La emancipación de la mujer y la lucha africana por la libertad
THOMAS SANKARA

"No existe una verdadera revolución social sin la liberación de la mujer", explica Sankara, dirigente central de la revolución de 1983–87 en Burkina Faso, en África occidental. US$5. También en inglés, francés y persa.

Marianas en combate
Teté Puebla y el Pelotón Femenino Mariana Grajales en la guerra revolucionaria cubana, 1956–58
TETÉ PUEBLA

La general de brigada Teté Puebla, la mujer de más alto rango en las Fuerzas Armadas Revolucionarias de Cuba, se integró a los 15 años a la lucha para derrocar a la dictadura de Batista. Esta es su historia: desde la clandestinidad urbana, hasta su papel de oficial en el primer pelotón femenino del Ejército Rebelde. Por cinco décadas, la lucha por transformar la condición social y económica de la mujer en Cuba ha sido inseparable de la revolución socialista. US$10. También en inglés y persa.

Che Guevara habla a la juventud

Guevara desafía a los jóvenes de Cuba y del mundo a que trabajen. A que sean disciplinados. A que se sumen a la vanguardia de luchas tanto pequeñas como grandes. A que se conviertan en un tipo humano diferente a medida que luchan junto a trabajadores de todas partes para transformar el mundo. US$12. También en inglés y griego.

PATHFINDERPRESS.COM

EL MILITANTE

un semanario socialista publicado en defensa de los intereses del pueblo trabajador

- Artículos sobre los ataques de los gobernantes norteamericanos contra los derechos constitucionales y sus intentos de mejorar la imagen del FBI.
- Cubre luchas obreras para subir los salarios frente a la inflación; por el control obrero de la producción; contra las condiciones que les dificultan a los trabajadores formar y mantener familias.
- Explica el origen de la crisis capitalista mundial y del creciente peligro de guerras entre potencias capitalistas al desmoronarse el orden imperialista mundial. ¡Tropas de Moscú fuera de toda Ucrania!
- Reportajes sobre protestas contra el odio antijudío y el racismo; por la emancipación de la mujer; y por la amnistía para los trabajadores inmigrantes sin documentos: para unificar a la clase trabajadora.
- Defiende la revolución socialista en Cuba. Apoya la lucha por el fin de la guerra económica de EEUU contra Cuba, y para sacar a Washington de Guantánamo. Contra el dominio colonial estadounidense de Puerto Rico.
- Informa sobre las campañas del Partido Socialista de los Trabajadores de puerta en puerta, hablando con trabajadores de por qué necesitamos un partido obrero basado en los sindicatos. Para forjar una alianza de trabajadores y agricultores que tome el poder de manos de los gobernantes capitalistas.

El Militante • 306 West 37th Street, 13th floor • New York, NY 10018

¡Suscríbase hoy!
Nuevos lectores: 12 semanas por $5
6 meses $20   1 año $35   2 años $65

THEMILITANT.COM

LA SERIE DE LOS TEAMSTERS DE FARRELL DOBBS
Lecciones de las batallas obreras de los años treinta

REBELIÓN TEAMSTER
Sobre las huelgas de 1934 que sindicalizaron a camioneros y trabajadores de depósitos en Minneapolis y allanaron el camino para el movimiento social obrero que forjó los sindicatos industriales. El primero de cuatro tomos narrados por un dirigente central de estas batallas

PODER TEAMSTER
De cómo la dirección de los Teamsters usó el poder conquistado durante las huelgas de 1934 para hacer de Minneapolis un baluarte sindical, ayudar las campañas de sindicalización en toda la región norte-central del país y lanzar una campaña en 11 estados que reclutó al sindicato a decenas de miles de choferes de larga distancia.

POLÍTICA TEAMSTER
Explica cómo el Local 544 de los Teamsters en Minneapolis combatió casos fabricados por el FBI [y el gobierno] en los años 30, organizó a los desempleados y luchó para que el movimiento obrero y sus aliados emprendieran un camino político independiente de clase.

BUROCRACIA TEAMSTER
Cómo los trabajadores con conciencia de clase encabezaron la oposición obrera al ingreso del imperialismo norteamericano a la Segunda Guerra Mundial. Y cómo el gobierno federal, ayudado por la cúpula de los Teamsters, usó el FBI para intentar aplastar el poder sindical y silenciar a militantes obreros antibélicos. Con más de 130 fotos e ilustraciones.

US$16 cada tomo, US$50 por los cuatro. También en inglés.
Rebelión Teamster además existe en francés, persa y griego.

PATHFINDERPRESS.COM

LA LUCHA DE LIBERACIÓN AFRICANA

Somos herederos de las revoluciones del mundo
Discursos de la revolución de Burkina Faso, 1983–87

THOMAS SANKARA

Los campesinos y trabajadores en este país de África Occidental crearon un gobierno popular revolucionario y comenzaron a combatir el hambre, el analfabetismo y el atraso económico impuestos por la dominación imperialista, así como la opresión de la mujer heredada de la sociedad de clases desde hace milenios. Cinco discursos del dirigente de esta revolución. US$10. También en inglés, francés y persa.

El capitalismo y la transformación de África
Reportajes desde Guinea Ecuatorial

MARY-ALICE WATERS, MARTÍN KOPPEL

Describe cómo, a medida que Guinea Ecuatorial se ve integrada al mercado mundial, van naciendo tanto una clase capitalista como una clase trabajadora. También documenta el trabajo de los voluntarios médicos cubanos en ese país: una expresión del ejemplo vivo de la revolución socialista cubana. US$10. También en inglés y persa.

Sudáfrica: la revolución en camino
JACK BARNES

Al escribir casi una década antes de la caída del régimen supremacista blanco, Barnes explora el carácter y las raíces sociales del apartheid en el capitalismo sudafricano y las tareas de los trabajadores en la ciudad y el campo para desmantelarlo, a medida que forjan una dirección comunista de la clase trabajadora. US$10. También en inglés y francés.

NUEVA INTERNACIONAL EN EL MUNDO

Nueva Internacional también se edita en inglés como *New International* y en francés como *Nouvelle Internationale*. Pathfinder Press las distribuye a nivel mundial.

ESTADOS UNIDOS
(y América Latina, el Caribe y el este de Asia)
    Pathfinder Books, 306 W. 37th St., 13th Floor
    Nueva York, NY 10018

CANADÁ
    Pathfinder Books, 7107 St. Denis, Suite 204
    Montreal, QC H2S 2S5

REINO UNIDO
(y Europa, África, el Medio Oriente y el sur de Asia)
    Pathfinder Books, 5 Norman Rd.
    Seven Sisters, Londres N15 4ND

AUSTRALIA
(y Nueva Zelanda, el sureste de Asia y Oceanía)
    Pathfinder Books, Suite 2, First floor, 275 George St.
    Liverpool, Sydney, NSW 2170
    Dirección Postal: P.O. Box 73, Campsie, NSW 2194

ÚNASE AL CLUB DE LECTORES DE PATHFINDER
¡AMPLÍE SU BIBLIOTECA!

$10 POR AÑO
25% DESCUENTO EN TODOS LOS TÍTULOS
30% DESCUENTO EN LOS LIBROS DEL MES
Válido en pathfinderpress.com y los centros locales de libros Pathfinder

Visite: pathfinderpress.com/
products/pathfinder-readers-club